이 사람을 보라

예수의 가상칠언, 하이든 그리고 기도

강신덕

도서출판사 **TOBIA**

TOBIA CLIPBOOKS 02

이 사람을 보라

예수의 가상칠언, 하이든 그리고 기도

1판 1쇄: 2021년 3월 24일

저자_강신덕
책임편집_오인표
디자인_오인표 김진혁
홍보/마케팅_지동혁
펴낸이_강신덕
펴낸곳_도서출판 토비아
등록_107-28-69342
주소_서울특별시 은평구 은평로21길 31-12, 4층(녹번동)
인쇄_삼영인쇄사 02-2273-3521

ISBN: 979-11-971316-8-4   03230

이 사람을 보라

예수의 가상칠언, 하이든 그리고 기도

강신덕

도서출판사 TOBIA

감사의 글 Thanks to

음악적 위로의 사명을 위해

김경웅

토비아 앙상블 단장
샬롬교회 장로

"수고하고 무거운 짐 진 자들아 다 내게로 오라 내가 너희를
쉬게 하리라" 십자가에 달린 예수님은 고통받는 삶의 현장에서
묵묵히 자기 십자가를 지고 가는 모든 인간을 향해 이렇게 말씀
하셨습니다. 예수님의 길은 위로의 길입니다. 특히 예수님의 십
자가 길은 그 무거운 짐을 지고 가는 사람들에게 각별한 격려의
길입니다. 예수님이 주시는 위로와 격려는 쉽고 가벼운 것이어
서 그것을 받아드는 사람들은 누구나 힘을 얻고 용기를 얻을 수
있습니다. 이번 고난주간과 부활절에 샬롬교회 토비아 앙상블
은 시대의 어려움을 겪으며 그 길을 꿋꿋이 가는 우리에게 예수
님의 말씀이 담긴 음악으로 위로를 전할 수 있게 된 것을 기쁘
게 생각합니다.

　진정한 위로는 동행하는 것이고 어깨를 나란히 하는 것이라
고 했습니다. 예수님께서는 스스로 자기 십자가를 지고 가는 우
리 인생길을 동행하며 여러분과 어깨를 나란히 하십니다. 예수

님께서는 자신이 그렇게 하신 것처럼 우리가 그 길의 사명을 완수하시기를 간절히 바라십니다. 우리가 감당하는 사명과 책임은 쉽지도 가볍지도 않습니다. 그래서 내려놓고 싶을 때가 많이 있습니다. 그럴 때마다 우리는 앞서가신 예수님, 그리고 그 예수의 길을 따른 이들의 삶을 살필 줄 알아야 합니다. 그리고 거기서 우리 역시 사명의 길을 완주해야 한다는 깊은 통찰을 얻을 수 있어야 합니다.

토비아 앙상블은 코로나19와 그에 따른 어려움 가운데 있는 동시대 우리 모두를 향한 음악적 위로의 사명을 깊이 있게 품고 있습니다. 이번 토비아 앙상블이 연주한 하이든의 『가상칠언』은 그 신중하고 깊이 있는 길을 가는 우리 모두에게 위로와 힘이 될 것입니다. 토비아 앙상블은 앞으로도 예수님의 위로와 격려가 함께하는 일에 늘 애를 쓰고 동참할 것입니다. 그것이 우리 앙상블을 향한 하나님의 소명인 것을 확신합니다. 이번 하이든의 『가상칠언』 연주와 그리고 영상 제공, 그리고 묵상집 『이 사람을 보라』의 발간을 기뻐하고 축하하며 하나님께 영광을 돌립니다. 동행하고 수고하신 모든 분들께 특히 우리 토비아 앙상블과 객원 연주자들께 감사드립니다.

희생과 헌신의 자리에 선
그들에게 진심 어린 위로를

김은상

성균관대 삼성서울병원 신경외과 교수
샬롬교회 장로

　예상하지 못한 바이러스 팬데믹으로 너무나 많은 사람이 절망하고 좌절하고 있습니다. 어떤 이들은 병에 걸려 고통당하고, 어떤 이들은 사랑하는 사람을 잃어 슬픔에 빠져듭니다. 어떤 사람은 모든 것이 막혀 버린 상황에서 생계를 잇는 일이 너무 힘들어 좌절합니다. 또 어떤 사람은 사회적 고립과 차단으로 깊은 심적 고통 가운데 빠져 있기도 합니다. 세계는 지금 그 끝을 알 수 없는 고통과 고난의 나락으로 떨어지고 있습니다. 다시 살아날 희망이 있다 해도 그렇게 되기 위한 희생과 대가는 클 것입니다.

　그러나 희망은 우리가 여전히 품어야 할 무엇입니다. 판도라의 상자가 열렸고 우리를 슬프고 고통스럽게 하는 모든 것이 세상으로 퍼져 버렸으나 우리에게는 아직 기댈 무언가가 남아 있습니다. 희망의 잔존은 아마도 우리 동료 인간에게서 발견될 것입니다. 우리는 모든 종류의 고통과 좌절이 범람하는 우리 시대여기저기서 생명을 위해 수고하여 책임을 다하는 사람들을 봅니다. 그들은 의료인이기도 하고, 공무원이기도 하고, 군인이기도 하며 혹은 자원봉사자이기도 합니다. 그들은 우리 형제이고, 가족이며, 우리의 이웃입니다. 그들은 지금도 우리 사회 곳곳에서 팬데믹으로 벌어진 관계의 빈틈을 메우고, 무너진 삶의 자리를 세우며, 흐트러진 공간을 새롭게 하고, 그리고 무엇보다 꺼져가는 마음과 생명에 다시 힘을 불어넣습니다.

지난 한 해, 그리고 지금도 쉬지 않고 희생과 헌신의 자리에 선 고결하신 분들에게 진심 어린 위로를 전합니다. 샬롬교회와 토비아 선교회 그리고 더웰샘한방병원이 제공하고 그 일꾼들과 토비아 앙상블이 제작 보급하는 위로의 프로젝트, '이 사람을 보라'는 우리 시대 곳곳에서 희생과 헌신으로 버팀목이 되어 주는 모든 이들을 위한 위로의 합주회입니다. 토비아 앙상블의 연주와 묵상집 『이 사람을 보라』의 표현 한마디 한마디는 오늘 우리 시대가 예수님의 십자가 정신으로 다시 일어설 수 있게 되는 등불이 될 것입니다. 가능한 많은 분이 이 위로와 격려의 합주회를 통해 다시 일어서게 되기를 바랍니다. 이 프로젝트를 통해 우리 서로에게 희망이 있음을 발견하는 기회가 열리기를 바랍니다.

목차 contents

홀로 고난의 길을 가는 이들을 위한 랜선음악회

QR코드를 스마트폰으로 스캔하시면 토비아선교회 유튜브 채널을 통해
랜선음악예배와 랜선음악회를 묵상하실 수 있습니다.

랜선음악회

이 사람을 보라

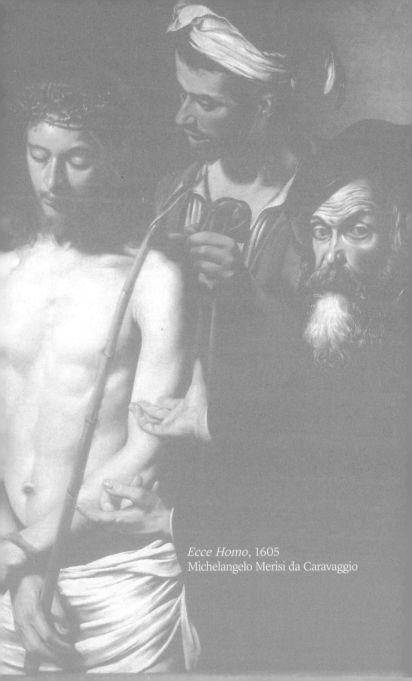

Ecce Homo, 1605
Michelangelo Merisi da Caravaggio

01

본디오 빌라도가 예루살렘 군중에게 예수를 내보였습니다. 그는 이렇게 말합니다. "보라 이 사람이다."요 19:5 빌라도는 이내 예수를 사람들에게 내어줍니다. 예수는 곧 무자비하게 폭행당한 뒤 자기 형틀을 지고 처형장으로 갑니다. 거기서 손과 발에 못이 박힌 채 십자가에 매달립니다. 마침내 예수가 십자가 위에 달렸습니다. 살이 찢어지고 뼈가 어긋나는 고통을 느끼며 나무에 달린 채 그의 세상 예루살렘 앞에 예수가 섰습니다. 기독교의 위대한 스승이었던 제롬Jerome은 로마 총독이 외쳤던 한 마디 "보라 이 사람이로다"idou ho anthropos라는 말을 "이 사람을 보라"ecce homo는 라틴어로 번역하면서, 이 한 마디를 통해 인간 삶의 중요한 명제로 끌어냈습니다. 그는 고난의 길을 걷다가 결국에 쓸쓸한 주검이 되고 만 한 존재에 대해 진중한 '목격'을 제안합니다. 사실 누구도 예수의 죽음을 샅샅이 그리고 끝까지 목도한 사람은 없습니다. 빌라도는 예수를 내어주고서 스스로 도피하듯 초월한 감독자로 물러앉았습니다. 그날 법정 앞에서 시끄럽던 사람들은 자기들이 지목한 한 사람 예수가 심문받고, 선고받아, 고통스럽게 피를 흘려 죽기를 간절히 바랐습니다. 그러나 그들 누구도 예수의 죽음을 끝까지 지켜보지 않았습니다. 그들 모두는 예수를 십자가로 내몰고 죽이는 일에는 열광했으나 정작 그가 죽어가고, 결국에 죽는 것에는 관심을 갖지 않았습니다.

죽음을 끝까지 목도目睹 하는 사람은 오직 죽어가는 예수 스스로 뿐이었습니다. 십자가 고난과 죽음을 목도 하는 일은 온전히 예수 자신만의 것이었습니다. 예수는 그 모든 십자가의 여정에서 자기 고난과 죽음을 온전히 목도 했고, 성찰했으며, 그리고 기도 했습니다. 그래서 '가상칠언'에는 죽기도 바쁜 이의 마지막이 스스로의 성찰과 기도 가운데 담겨 있습니다.

02

예수의 고난과 죽음을 주제로 혹은 소재로 삼은 위대한 작품들은 많습니다. 카라바지오Michelangelo da Caravaggio가 1606년에 그린 "이 사람을 보라"*Ecce Homo*는 그런 작품들 가운데 단연 최고일 것입니다. 유화로 그린 그림에서 마른 체형의 예수는 발가벗겨져 약간 고개를 숙인 연약한 모습으로 서 있습니다. 그 옆에 선 중세 귀족풍의 빌라도는 거의 무표정하게 중립을 고수하는 듯한 판사의 모습으로 그림을 감상하는 사람들을 향해 "이 사람을 보라"고 말합니다. 그 뒤에 선 한 사람은 이 그림의 압권입니다. 그는 아마도 곧 예수에게 채찍질과 구타, 그리고 심지어 십자가형을 집행할 사람입니다. 그는 가학적인 미소를 살짝 지으며 측은한 듯 예수에게 겉옷을 입혀주고 있습니다. 가학적 미소를 지은 집행자 혹은 무심한 빌라도 모두에게서 예수의 고난과 죽음 자체에 대한 성찰의 의지를 발견하지는 못합니다. 그림은 오히려 우리에게 질문합니다. "당신은 고난과 죽음에 대해 생각해 보고 고민할 의지가 있는가?" 사실 관람객으로서 우리나 그림에 등장하는 사람들이나 한 사람이 뿌릴 피, 그것으로 빚어질 광란의 축제가 주는 자극만을 바랍니다. 우리와 그들은 그냥 한 사람이 고통스럽게 고난을 당하고 죽음으로 가는 일, 그 현란한 시각적 쾌락에만 관심을 가질 뿐입니다. 이 모든 고난과 죽음의 여정에서 진중한 사람은 오직 한 사람, 고난 당하는 자 예수뿐입니다. 그는 무표정하지만 무언가를 생각하는 모습으로 그 자리를 지킵니다. 그에게 예고된 고난과 고통은 그가 직면할 현실이기는 하지만 그것이 그를 압도하지는 못합니다. 연약한 듯 의연하게 선 예수에게서만 자기 죽음을 성찰하려는 의지를 읽을 수 있습니다. 카라바지오의 그림은 우리를 초대하는 그림입니다. 카라바지오는 예수의 죽음을 끝까지 목도 하라고 요청하는 것 같습니다. 스스로 고통당하고 죽어가는 현실에서 그가 보인 모습이 우리에게 과연 무엇을 가르치는지 살피라는 것입니다.

03

예수의 고난과 죽음을 끝까지 목도하고 그것을 작품으로 남긴 또 한 사람이 있습니다. 프란츠 요제프 하이든Franz Joseph Haydn입니다. 하이든은 18세기 오스트리아 빈Vienna을 중심으로 하는 고전파 음악을 대표하는 음악가입니다. 하이든은 1760년부터 생애 대부분을 헝가리 귀족인 에스테르하지Esterházy 궁정 소속 음악감독으로 살았습니다. 그래서 당대 사람들은 하이든의 명성은 들었어도 그의 음악을 접할 기회가 적었습니다. 그런 하이든에게 스페인의 카디즈Cádiz의 교회로부터 예수가 십자가에 달린 '거룩한 금요일'Good Friday에 쓸 예배곡을 만들어달라는 특별한 부탁이 있었습니다. 하이든은 그 부탁을 수락하고 작업에 착수했습니다. 이때 그가 작업한 것은 예수의 십자가 사건 자체보다는 예수가 십자가 위에서 했던 마지막 일곱 마디 말씀, 즉 가상칠언架上七言이었습니다. 1786년과 1787년에 걸쳐 하이든은 예수가 남긴 일곱 마디 각 말씀을 장중한 전주Introduzione와 격렬한 후주Il Terremoto가 포함된 관현악 곡을 하나 완성했습니다. 『가상칠언』the Seven Last Words of Jesus On the Cross입니다. 이후 하이든은 1787년에 같은 곡을 현악4중주곡으로 발표했습니다. 그리고 1797년에는 교회를 위해 중간 간주라고 하기 어려운 두번째 전주Introduzione II까지 포함하는 오라토리오Oratorio를 완성했습니다. 같은 곡의 피아노 버전이 전해지는데 이것은 그의 작업이라기 보다는 동시대 작곡가 체르니Carl Czerny가 한 것으로 보입니다. 『가상칠언』 작곡과 편곡을 진행하면서 하이든은 예수가 고난과 십자가 죽음의 과정을 거치며 남긴 말들을 통해 그가 어떻게 자기 죽음을 목도 했으며 그것을 성찰 가운데 기도로 깊게 했는지를 살폈습니다.

04

훗날 하이든은 유럽에 출간한 『가상칠언』 악보집에 이런 말을 남겼습니다. "십분 간 이어지는 일곱 개의 느린 아다지오 곡을 작곡하는 것, 매 곡을 청중이 힘들어하지 않게 하면서 그들을 성공적으로 이끄는 일은 쉬운 일이 아니었습니다. 사실 주어진 조건 속에 나를 맞추는 일이 불가능하다고 생각했습니다." 1801년 출간한 악보 서문에서 하이든은 음악적 진중함을 통해 예수의 자기 죽음에 대한 성찰과 기도에 접근했습니다. 그리고 예수의 죽음을 직면한 마지막 말들이 무엇을 의미하는지에 대해 그만의 음악적인 해석을 완수했습니다. 그는 예수가 남긴 마지막 말들의 마디마디를 예수 자신에게 집중해 음악적 기교를 통해 표현했습니다. 그래서 하이든의 『가상칠언』은 예수의 십자가 죽음과 관련한 역사적이고, 사회적인, 종교적인 그 모든 배경을 딛고 넘어서 십자가에 달려 죽어가는 예수 자신의 마음을 살피고 있습니다. 하이든은 예수의 그 모든 죽음의 과정을 두 눈으로 목격한 듯 그의 『가상칠언』에 표현해 냅니다. 그리고 자기의 느낌을 그의 청중들도 고스란히 느낄 수 있으리라 확신합니다. 그러니 우리 시대 청중들이 역시 한 인간으로서 귀를 기울여 하이든의

『가상칠언』을 듣는다면, 자기 죽음에 신실하여 그 순간순간을 기도로 보낸 예수의 마음을 동일하게 느낄 수 있을 것입니다. 사족...사람들은 하이든의 『가상칠언』곡들 가운데 현악4중주곡이 단연 최고라고 입을 모읍니다. 그렇다고는 하나 관현악곡 역시 나름의 풍성함으로 관객을 압도합니다. 체르니가 편곡한 피아노곡 역시 특유의 애절함으로 예수의 마지막 말들을 적절하게 표현해내고 있습니다. 대사가 있는 오라토리오 『가상칠언』 역시 하이든의 관객을 위한 사려 깊은 배려입니다. 하이든이 만든 『가상칠언』의 여러 버전은 예수님의 마지막을 깊고 풍성하게 이해하는 훌륭한 동반자들입니다.

05

완전히 기진한 채 거친 나무에 달려 죽어가는 중에도 그 순간들을 놓치지 않고 묵상하며 기도하는 모습을 보인 예수, 그 모습은 감히 따르지 못할 성인의 경지를 말하는 것이 아닙니다. 예수가 보여준 십자가의 마지막 모습과 말들은 오늘을 살아가는 인간 우리에게도 동질의 과제로 다가옵니다. 십자가에서 외친 예수의 말들은 마지막까지 자기를 하늘의 고결한 비전에 순종시키고 자기를 버려서 한 사람이라도 온전하게 하려는 사나운 투쟁의 범례입니다. 예수는 죽어가는 처절함 가운데서도 하늘을 향해 기도했으며, 한 사람이라도 더 품으려 했고, 사랑하는 사람들에게 끝까지 신실했습니다. 예수는 마지막 숨을 고르는 공포스러운 순간을 혼자만의 진력으로 넘겼으며, 그 모든 순간에도 하늘의 꿈을 갈망했고 자기 사명 완수에 감사하며 안도했습니다. 스탠리 하우어워스Stanley Hauerwas는 그 예수의 마지막 모습을 하늘 하나님의 "야생성"wildness이라고 해두었습니다. 그리고 그는 그런 하나님을 우리의 방식으로 길들이지 말아야 한다고 했습니다. 우리는 예수의 마지막 모습에 우리가 익숙해지고 예수의 죽음 방식에 길들여지는 쪽을 택해야 합니다. 예수의 마지막 시간과 말은 우리 삶을 보다 고양된 높은 차원으로 이끕니다. 그 궁극은 아마도 기도일 것입니다. 모든 고결한 삶에는 기도의 언어가 살아있습니다. 이 책은 그 고결한 언어의 세계로 우리 삶을 고양할 길을 제안합니다. 하이든이 그의 탁월한 음악으로 우리의 진중한 독서를 도울 것입니다. 이 책을 갈무리할 즈음 우리는 예수의 가상칠언에 익숙해져 있을 것이고, 하이든의 음악이 동반자처럼 들리게 될 것입니다. 그렇게 되면 우리는 비로소 우리 삶에 주어진 모든 종류의 이해할 수 없는 고난과 죽음의 의미를 받아들이고 그 모든 시간을 고결하게 보낼 고귀한 방편을 얻게 될 것입니다.

조금 낯설게 보일지 모르지만, 이 책은 여러 사람의 하나된 마음의 결실입니다. 당연합니다. 예수의 십자가에 대한 묵상은 한 사람 단독의 무엇이기에는 너무 버겁고 무거운 여정입니다. 그래서 동료 인간의 동행이 필수입니다. 이 책 '이 사람을 보라'는 그 동반의 결과입니다. 사실 '이 사람을 보라'는 복합적인 프로젝트이며, 이 책은 그 프로젝트의 결실 가운데 하나입니다. 그래서 이 책에는 음악과 그림, 성찰이 연결되어 있습니다. 그러니 이 책을 손에 쥐었다면 성경 사복음서와 하이든 그리고 자기 삶을 성찰하고 누군가와 동행하며 묵상하기를 바랍니다. 난해하고 복잡하며 정체를 알기 어려운 이 프로젝트를 결단하고 함께 한 샬롬교회 두 분, 김경응 장로님과 김은상 장로님 그리고 모든 교우들에게 감사드립니다. 아울러 토비아 선교회와 출판사의 동역자들, 김덕진 목사님, 김남운 목사님, 오인표 전도사님과 김진혁 전도사님 그리고 지동혁 집사님의 수고야말로 예수의 십자가 길을 따르는 모습이었습니다. 쉽지 않은 경제적 상황에도 동행을 흔쾌히 허락해 주신 더웰샘한방병원 남여정 원장님과 이종식 장로님에게도 감사드립니다. 책이 나오는 일과 함께 하이든의 음악을 연주하고 녹음하고 편집하는 일도 함께 있었습니다. 그 일 모든 과정을 수고해 준 이 수 감독과 토비아 앙상블 모든 연주자들에게 감사드립니다. 무엇보다 감사하고 싶은 것은 최소영 집사와 임이랑 집사의 음악적 조언들이었습니다. 연주자로서 두 분이 고민한 음악적 해석들은 하이든 음악을 이해하며 깊이 있게 감상하는 길이 되었습니다. 토비아의 새식구가 된 김남운 목사님의 오라토리오 버전 가사 번역은 정말 훌륭했습니다. 덕분에 책 각 장에 『가상칠언』의 아름답고 심오한 가사들을 넣어둘 수 있었습니다. 마지막으로 책의 원고를 읽어주고 수정하고 보완하는 일에 함께해 준 아내 정부선 전도사, 김은상 장로님 그리고 선배 이효재 목사님에게 감사드립니다.

2021년 고난주간을 앞두고
녹번 토비아에서
강신덕

주어진 현실

보라 이 사람을 데리고 너희에게 나오나니
이는 내가 그에게서 아무 죄도 찾지 못한 것을
너희로 알게 하려 함이로라
요한복음 19장 4절

QR코드를 스마트폰으로 스캔하시면
토비아선교회 유튜브 채널에서
고난주간 음악묵상으로 묵상하실 수 있습니다.

The Crucifixion, 1696
Giovanni Battista Tiepolo

01

목요일 저녁이 되어 예수는 사랑하는 제자들과 저녁 식사를 나누었습니다. 고난과 죽음의 길이 현실로 다가오고 있는 시점에 예수는 사랑하는 사람들과의 일상을 더욱 귀하게 여겼습니다. 그는 유대인의 명절, 유월절을 위해 각별한 저녁 식사를 준비했습니다. 제자들 모두와 함께 식사할 만한 너른 장소를 마련하고 음식을 준비했습니다. 식사 자리에 먼저 와 있던 예수는 제자들이 한 사람씩 자리로 들어올 때마다 그들의 발을 씻겨주었습니다. 그리고 식탁에 둘러앉아 함께 기도하고 명절 식사를 나누었습니다. 식사를 위해 진행되는 모든 순서에는 평안과 위로가 깃들어있었습니다. 동시에 모든 순서에는 예수의 애틋한 사랑의 마음이 담겨 있었습니다. 사랑하는 사람들과 제자들은 식사 내내 명절 분위기에 젖어 들었습니다. 그들의 유쾌한 나눔 사이로 전해지는 스승의 말들이 마음에 걸리기는 했으나 그날 저녁 식사는 그들에게 또 하루의 즐거운 일상의 연속이었습니다. 식사를 마치고 예수는 그 자리에 계속 있을 수 없었습니다. 예수 자신을 제외하고 모든 이들이 흥거운 그 자리가 곤혹스러웠습니다. 그는 십자가 고난과 죽음을 감당해야 하는 시간이 다가오자 들판에 홀로 선 촛불처럼 흔들리며 예루살렘의 한적한 곳, 겟세마네로 갔습니다. 거기 한적한 곳에서 홀로 앉아 다가오는 고난과 죽음의 현실을 놓고 기도했습니다. 가능한 그 고난의 잔을 피하고 싶었습니다. 할 수만 있다면 다른 방법을 찾고 싶었습니다. 하늘은 예수의 마지막 청을 거절했습니다. 예수는 고난 가운데 십자가에서 죽어야 합니다. 예수의 번민을 아는지 모르는지 제자들과 사랑하는 사람들은 예수의 이 마지막 기도 자리로부터 멀리 떨어져 잠들었습니다. 다가오는 고난과 죽음은 온전히 예수 자신의 몫이었습니다. 그것은 예수 자신만이 감당해야 하는 지극히 고독한 현실이었습니다.

02

예수가 마음의 번민으로 힘들어하던 그 밤에 예루살렘은 술렁이고 소란스러워지기 시작했습니다. 예루살렘의 여러 부류가 오래전부터 예수의 행보에 관심을 가졌습니다. 임금인 헤롯은 예수가 혹시 자기 권력 유지에 도움이 되지 않을까 기대했습니다. 총독 빌라도는 로마에 위해가 되지 않는 한 갈릴리 촌뜨기 예수에게 관심이 없었습니다. 성전의 제사장들과 사두개인들은 혹시 예수가 자기들의 기득권 유지에 도움이 되지 않을까 기대했습니다. 대부분 학자인 바리새인들은 혹시나 예수의 것이 그들의 가르침과 대립하는 것은 없는지 불안해했습니다. 세속을 떠나버린 에세네파 사람들이나 쿰란 사람들은 예수가 자기들이 경멸해 마지않는 예루살렘으로 갔다는 이야기를 듣고 앞으로 무슨 일이 있을지 궁금했습니다. 폭력적인 정변을 준비하는 열심당원 사람들도 예수의 예루살렘 길을 주의 깊게 지켜보고 있었습니다. 예수 때문에 예루살렘이 소란스러워지면 그들에게 기회가 주어질지도 모를 일입니다. 그런데, 예수는 그들 가운데 누구와도 함께 하지 않았고 그 모든 부류가 원하는 그 어떤 것도 하지 않았습니다. 예수는 오직 자기가 해야 할 일, 자기에게 주어진 책임과 사명에 열중했습니다. 그것은 고통 당하는 사람을 돌보고, 고난 당하는 사람과 함께 하며, 자기를 희생하여 고통 가운데 있는 한 사람이라도 살리는 일이었습니다. 예루살렘의 사람들은 어느 순간 예수가 자기들에게 도움도 위협도 되지 않는다는 것을 깨달았습니다. 그러자 이제 모두 한마음이 되어 예수를 죽음에 내몰기로 합니다. 예수가 겟세마네에서 기도하던 그 시간 예루살렘은 분주히 움직였습니다. 예수에게 십자가를 지우고자 하는 마음이 그들의 평소의 분열을 한순간의 일치로 이끌었습니다.

03

마침내 예루살렘 성전 경비병들이 성전 최고회의 산헤드린 Sanhedrin의 결정과 대제사장의 명령을 받고 예수를 체포하기 위해 겟세마네로 왔습니다. 제자였던 가룟 사람 유다가 그들과 함

께 왔습니다. 배신이었습니다. 유다는 구석에 서서 예수를 지목했습니다. 베드로가 나섰습니다. 그러나 역부족이었습니다. 곧이어 베드로는 다른 제자들과 함께 그 곤혹스러운 자리를 피했습니다. 배신자 유다도 그새 어디론가 사라졌습니다. 경비병들은 예수를 모질게 다루었고 굵고 거친 밧줄로 묶었습니다. 그들은 예수를 예루살렘 남서쪽 대제사장의 사설 지하 감옥으로 데려갔습니다. 그리고 예수를 그 어두운 지하동굴에 던져버렸습니다. 그렇게 던져진 채로 거기서 예수는 혼자였습니다. 손발이 묶인 채로, 구타당한 채로 혼자였습니다. 예루살렘 전체가 예수를 죽이려고 모의 중입니다. 평소에는 한 테이블에 동석하지 않던 사람들이 예수를 잡아들이고 고문하여 죄목을 세워 죽이는 일에는 하나가 되었습니다. 그들은 일치하여 예수가 죽어 마땅하다고 여기고 예수를 죽일 수 있는 멋진 시나리오를 짜고 있습니다. 예수를 따르던 사람들은 모두 떠났습니다. 사랑하던 사람들은 모두 자기들 집으로 숨어들었습니다. 열성적이던 베드로는 매몰차게 예수와의 관계를 끊어버렸습니다. 어두운 지하 감옥에 홀로 남겨진 예수는 이 모든 길을 누구의 변론이나 보호없이 혼자서 감당해야 한다는 것을 절감합니다. 예수는 이제 주어질 모진 고문과 조롱과 무자비한 재판 그리고 자기에게 주어질 형벌을 온전히 홀로 감당해야 합니다. 그것이 세상의 메시아로서 그에게 주어진 무게, 그가 감당해야 할 고난과 고통의 십자가입니다.

04

하이든은 스페인 카디즈의 교회로부터 작곡을 요청받고서 고민이 많았습니다. 그러나 그는 노련한 작곡가였습니다. 그는 교회가 요청한 사항에 주목해 성경의 메시지 흐름에 자기 음악을 맞추는 방식으로 소나타들을 작곡했습니다. 교회는 사제가 예수의 일곱 말씀을 천천히 하나씩 읽고 관련된 강론을 실행한 후 제단 십자가 앞으로 가서 무릎을 꿇고 기도할 때 하이든의 음악이 연주되기를 바랐습니다. 그래서 하이든은 그의 소나타들을 예전liturgy, 전례에 맞추어 느리게 흐르면서도 청중이 공감할만한 격정이 살아있는 곡들로 만들었습니다. 그는 일단 악장이 전개되는 과정에 예수의 마지막 말들이 담긴 반복적인 모티브motive들을 심어두었습니다. 관객들은 그가 심어둔 반복적 모티브들에 익숙해지면서 지루하지 않은 채 끝까지 연주에 함께할 수 있었습니다. 서주introduction에도 이런 방식은 작동하고 있습니다. 시작은 매우 강렬합니다. 그리고 서곡이 연주되는 내내 유사한 강렬함은 지속적으로 등장합니다. 강렬한 소리들은 예수를 죽이기 위해 움직이는 예루살렘의 소란스러움을 표현합니다. 그들의 소란스러움은 점점 강해집니다. 그런데 예수의 마음을 표현하는 제1바이올린의 소리는 그 강렬한 소란스러움 사이에서 상대적으로 차분한 단조로 이어집니다. 예수도 처음에는 예루살렘의 흥분에 휘말리는 것 같습니다. 그러나 예수는 곧 자신에게 주어진 사명과 책임의 길, 십자가의 길을 받아들입니다. 제자들을 포함한 예루살렘이 소란스러움으로 그의 마음을 격동하기도 하지만, 예수는 스스로 차분한 가운데 십자가의 길로 들어섭니다. 하이든의 서곡은 소란스러운 예루살렘 그 가운데서 자기 십자가의 길을 가기로 결단하는 예수를 잘 그리고 있습니다.

05

우리는 생에 주어진 고통과 고난을 대부분 홀로 감당합니다. 누구도 우리의 고통과 고난을 대신해 주거나 나누어 가질 수 없습니다. 그 고난과 고통이 우리의 사랑에 근거해 결단하여 주어지는 것이라면 그것은 더도 덜도 없이 온전히 홀로 감당해야 할 우리만의 십자가입니다. 모든 시험장에 홀로 들어가듯, 어려운 사업적 결단을 홀로 해야 하듯, 자녀를 낳기 위해 분만실에 홀로 들어가듯, 수술대 위에 홀로 누워있듯 우리는 사랑 가운데 주어진 삶의 고통과 고난을 홀로 감당합니다. 누구도, 심지어 우리가 사랑하고 우리에게 사랑을 주는 사람조차 그 길을 함께 할 수 없습니다. 그러니 사랑이 굳건할수록 홀로 감당하는 십자가의 질감은 보다 분명하고 더욱 강렬하게 우리 어깨를 짓누릅니다. 때로는 그 고난과 고통을 감당하기 버거워 눈물을 흘리기도 합니다. 왜 이런 고난과 고통을 감내해야 하는지 하늘을 향

해 원망하기도 합니다. 그러다 문득 우리가 감당해야 할 십자가의 심적 고통이 최고조에 이르는 가장 깊은 고통의 순간, 우리는 그 모든 어려운 시간을 홀로 감당하는 것이야말로 우리가 선택한 사랑이 승리하게 되는 지름길이리라 마음먹습니다. 우리는 우리가 고통스럽게 그 모든 시간을 감내할 수록 우리 사랑의 대상이 평안을 머금게 되리라는 것을 잘 압니다. 그래서 우리는 그 고통의 길을 끝까지 감당하기로 합니다. 주어진 현실 속에서 이런 식의 인생의 결단은 위대합니다. 고통과 고난의 매 순간은 우리를 아프게는 할지언정 우리를 무너뜨리지 못합니다. 우리는 이미 십자가의 길을 걷기로 결단한 마음 단단한 사람입니다.

하늘을 향해

아버지 저들을 사하여 주옵소서
자기들이 하는 것을 알지 못함이니이다
누가복음 23장 34절

QR코드를 스마트폰으로 스캔하시면
토비아선교회 유튜브 채널에서
고난주간 음악묵상으로 묵상하실 수 있습니다.

01

대제사장과 예루살렘 사람들은 예수를 체포한 그 밤 내내 예수를 심문했습니다. 그리고 한 줌도 되지 않는 혐의를 모아 예수를 총독 빌라도의 법정으로 넘겼습니다. 빌라도는 예수를 몇 번 심문하면서 그가 갈릴리 출신인 것을 발견하고서 마침 예루살렘에 와 있던 갈릴리의 왕 헤롯 안티파스Herod Antipas에게 그를 보내 버립니다. 헤롯 안티파스는 그 앞에 온 예수에게 관심이 없었습니다. 헤롯은 몇 번 희롱한 뒤 예수를 다시 빌라도에게 보냈습니다. 빌라도는 예수에게 십자가 형을 내릴 만한 죄를 발견할 수 없었으나 유월절 절기로 모여든 거대한 군중과 그들을 배후에서 조종하는 예루살렘의 권력자들을 두려워했습니다. 그는 결국 예수를 포기했습니다. 그리고 로마 군사들에게 예수를 넘겨 버립니다. 예수를 넘겨받은 로마 군인들은 그를 무자비하게 다루었습니다. 그들은 예수의 몸을 잔인한 채찍질로 찢어놓았습니다. 그들은 굵은 가시가 달린 나뭇가지를 관처럼 엮어 예수의 머리에 씌웠습니다. 그리고 예수를 때리고 조롱했습니다. 이제 예수는 사람 몸무게에 버금가는 십자가틀을 지고 그에게 적대적인 사람들 사이를 지나 자기 처형장으로 갔습니다. 그리고 거기서 십자가 위에 뉘어졌습니다. 군인들은 마치 익숙한 기계 조작하듯 능숙한 솜씨로 예수의 팔다리를 묶고서 손과 발에 못을 박았습니다. 그리고 예수와 십자가를 골고다Golgotha라 불리는 처

The Elevation of the Cross, 1611
Peter Paul Rubens

형장 언덕 위에 세웠습니다. 예수의 십자가 처형은 수 많은 사람이 끼어들어 시끄럽게 진행되었습니다. 그러나 그 모든 과정은 믿을 수 없을 만큼 빠르게 이루어졌습니다. 예수의 처형과정은 철저하게 전문화된 사람들의 솜씨 좋은 속도전이었습니다.

02

예수를 체포하고 심문하여 처형하는 일련의 과정은 마치 분업화가 잘된 도살 공장의 전문 처리 과정처럼 보입니다. 처음 체포한 사람들은 예수를 구타하고 무자비하게 다루는 방식으로 예수의 고난의 문을 열었습니다. 그다음 과정을 담당한 사람들은 이전 체포과정에서 예수가 얼마나 부당한 대우를 받았는지는 어떤 관심도 없이 다시 예수를 고문하며 심문했습니다. 아침이 되어 로마 총독은 예수를 고문을 동반한 심문 과정으로 다시 던져놓았습니다. 이제 예수는 무책임한 표정으로 손을 씻은 빌라도에 의해 로마 군인들에게 넘겨졌습니다. 로마 군인들은 기다렸다는 듯 예수에게 결정적인 고통을 가했습니다. 예수에게 남아있는 마지막 힘을 앗아갈 목적으로 잔인한 채찍질을 가하는 것입니다. 마지막으로 예수는 또 다른 군사들에게 넘겨졌습니다. 그리고 또 다른 종류의 구타와 모욕, 채찍질을 당하며 처형장 골고다로 갔습니다. 그리고 거기서 다시 전문 처형담당자에게 넘겨져 못이 박힌 채 나무에 달렸습니다. 예수의 고난과 죽음의 과정에는 그 모든 상황을 완전히 책임졌던 사람이 부재합니다. 예수의 십자가 처형 과정은 잘리고 분해되어 서로 다른 사람에게 '넘겨지는 행위'의 고리로 얼기설기 얽혀 있습니다. 각 단계에서 예수의 고난과 죽음에 관여한 사람들은 각각의 방식으로 예수에게 고통을 가했습니다. 그들은 아무 일 없었다는 듯 예수를 넘겨 받은 후 각각 자기 단계에서 자기 행위를 정당화하며 소란스럽고 과격하게 예수에게 고통과 모욕을 가했습니다. 그들은 역시 아무 책임 없다는 듯 예수를 다음 사람에게 넘겼습니다. 그렇게 예수는 쉴새 없이 고통받으며 골고다 죽음의 자리까지 갔고 거기서 십자가에 달렸습니다.

03

예수는 자기에게 예비된 고난과 죽음의 각 단계를 거치면서 점점 시력을 상실했고 청력을 잃었습니다. 온몸에 무차별로 가해진 폭행으로 피부의 통각을 상실했습니다. 각 단계에서 심문관들이 던진 무수한 질문들은 예수가 대답할 수 있는 것이 아니었습니다. 예수는 결국 할 말을 잃어 침묵했습니다. 예수를 심문하고 고문하고 십자가에 매단 사람들은 모두 한결같이 그를 고난으로 빠뜨리는 일, 그를 죽음으로 몰고 가는 일에 근면했습니다.

아버지 저들을 사하여 주옵소서

자기들이 하는 것을 알지 못함이니이다

하늘에 계신 아버지

당신의 영원한 보좌로부터 굽어 살피소서

사랑의 하나님, 당신의 독생자가

죄인을 위해, 당신의 자녀를 위해 기도하니

아들의 기도를 들어주소서!

아! 우리는 범죄하였으며

큰 죄를 지었으나

우리 모두와 우리의 구원을 위하여

당신의 아들이 그의 피를 흘리나이다

어린 양의 피는 복수를 부르짖지 아니하며

우리의 죄를 씻나이다

사랑의 아버지, 우리가 은혜를 입도록

당신 아들의 기도를 들어주소서

아버지, 아버지, 당신의 아들을 들으소서!

*책의 각 장에는 하이든의
오라토리오 버전의 가사를 넣어두었습니다.

그들은 성실하게 구타했고 채찍질했으며 최선을 다해 조롱했습니다. 그들은 최선을 다해 예수의 손과 발에 못질을 했고 예수를 십자가에 매달고서 나무를 세우는 일을 위해 열정을 다했습니다. 예수는 그 모든 단계와 과정 앞에 서서 자신에게 모욕을 가하고 때리고 고문을 가한 사람들의 얼굴을 바라보았습니다. 그들의 얼굴과 그들의 몸짓은 마치 전체가 어떤 것인지, 최종적인 것이 무엇인지 알지 못한 채 자기 분업에만 최선을 다하는 근면한 직공의 그것과 닮아 있었습니다. 그들은 그들이 무엇을 하는지 알지 못했습니다. 그들은 그들의 근면한 고문과 처형의 공정이 흠 없는 하나님의 아들, 죄없이 고난 당하는 메시아를 상대로 한 것임을 알지 못했습니다. 예수는 결국 자신을 죽음에 이르게 하는 이들에게서 고개를 돌렸습니다. 살이 타고 멍들며, 근육이 찢기고 핏줄이 터지는 고통의 순간, 예수는 자신을 고통스럽게 하는 사람들과 세상을 바라보지 않았습니다. 예수는 오히려 하늘을 바라보았습니다. 그리고 하늘 하나님과 더불어 대화를 시작했습니다. 고통스러운 십자가에서 예수가 하늘 하나님과 대화하며 나눈 첫 마디는 이렇습니다. "아버지 저들을 사하여 주옵소서 자기들이 하는 것을 알지 못함이니이다"

04

어느 때 우리는 주어진 삶의 무게, 혹은 주어진 책임의 거칠기 짝이 없는 질감을 부당하게 생각하며 그 원인을 탐색합니다. 우리는 삶의 시련, 삶의 절망과 삶의 아픔의 원인을 반드시 찾아내야 한다고 생각합니다. 그리고 그 모든 것이 과연 누구의 탓인지 밝혀내려 합니다. 인생 문제의 원인을 찾아내는 일 모든 것이 무의미하지는 않습니다. 그러나 한 가지, 원인은 밝혀낼수 있으나 누구의 탓인지를 밝히는 일은 쉽지 않습니다. 사실은 그 누구도, 심지어 우리를 지극히 사랑하는 사람들마저도 우리가 경험하는 총체적인 난국의 원인이나 이유가 되지 않습니다. 우리의 부모와 같은 누군가는 자발적으로 우리 고통의 원인의 일부가 되려고 합니다. 그러나 부모라할지라도 우리가 경험하는 아픔의 실체를 모두 다 알지는 못합니다. 우리 각자는 우리가 관계하는 한에 서로 각자에게 고통의 원인자입니다. 그러나 우리가 경험하는 고통 모두에 대해 유죄를 판결할만한 총체적인 원인자를 찾을 수는 없습니다. 예수의 고난과 죽음에 대해 누구도 최종 책임의 자리에 있지 않은 것과 마찬가지입니다. 그럴 때 우리는 우리가 직면한 고통을 체감하지만 그렇다고 그때 동시에 그 각각의 고통을 안겨주는 사람들과 세상을 바라보지 말아야 합니다. 오히려 우리는 두 눈을 위로 돌려 하늘을 바라보아야 합니다. 그리고 하늘을 향해 기도하며 우리와 우리 삶의 고통의 원인이 되는 모든 사람, 일들, 그리고 세상과의 화해의 길을 모색해야 합니다. 통각이 상실될 정도로 고통스러운 여정 한 가운데서 우리는 가장 인간미 넘치는 한 가지, 용서와 화해의 길을 찾아야 합니다. 그들은 우리에게 어떤 아픔과 어려움, 슬픔과 고통을 주었는지 알지 못합니다. 그러니 우리는 그들에 대한 용서와 화해를 하늘에 맡기고서 우리에게 주어진 십자가의 길을 계속 가야 합니다.

05

하이든은 그의 가상칠언 첫 소나타에서 그의 선배들 바흐와 헨델 등이 추구했던 다면적인 소리polyphony 구성을 과감하게 벗어납니다. 그의 선배들은 동시에 다양한 곳으로부터 쏟아져 나오는 다양한 음악적 호소를 즐겼습니다. 반면에 관객들은 음악을 이해하기가 어려웠습니다. 그런데 소위 근대음악의 선구자라 알려진 하이든은 선배들과 달리 화성 음악homophony으로 메시지를 전달하는 방식을 선택했습니다. 하이든은 예수의 첫 마디 소나타를 제1바이올린 주자가 단일한 음색으로 전개하는 모티브로 만들었습니다. 예수는 사람들을 향해 그의 의견을 말하지 않습니다. 예수는 십자가의 현실에서 사람들을 바라보지 않고 하늘 하나님을 바라봅니다. 관객은 다른 악기에 비해 독립적인 높

은음으로 가냘프게 전개되는 제1바이올린의 소리를 들으며 예수의 마음을 읽을 수 있습니다. 또한 관객은 제1바이올린 외 다른 악기들의 규칙적인 전개를 통해 예수를 처형하는 이들의 분주하면서도 근면한 공작활동 같은 손놀림을 느낄 수 있습니다. 이런 분위기는 피아노곡에도 잘 살아있습니다. 연주는 내내 왼손 저음부에서 십자가 처형자들의 둔탁하고 부지런한 손놀림을 표현합니다. 그들은 자기들이 하는 일의 실체에 대한 무지 속에서 근면하게 각자에게 주어진 일을 수행합니다. 그러다 이내 연주는 예수의 마음을 애틋한 터치로 표현합니다. 오른손 고음부로 이어지는 예수의 마음 소리는 저음부의 현실 소리들과 비교되어 하늘로 올라갑니다. 하늘 하나님에게 용서를 전하려는 예수의 마음이 잘 표현되어 있습니다. 하이든의 첫 소나타에서 예수는 그를 고난과 죽음으로 몰아세우는 사람들로부터 눈을 돌려 하나님을 바라보고 오직 하나님과 대화합니다.

두 번째 소나타
Sonata 2

함께하는 동료에게

내가 진실로 네게 이르노니
오늘 네가 나와 함께 낙원에 있으리라
누가복음 23장 43절

QR코드를 스마트폰으로 스캔하시면
토비아선교회 유튜브 채널에서
고난주간 음악묵상으로 묵상하실 수 있습니다.

01

예수의 십자가 길에는 함께 가는 두 사람이 있었습니다. 그들은 흔히 '강도'robber라고 불리던 사람들이었습니다. 이 사람들은 단순히 남의 물건을 훔치고 빼앗는 강도들이 아니었습니다. 그들은 무장한 채로 숨어다니며 한편으로 로마와 로마의 꼭두각시 헤롯의 편에 선 사람들을 공격하고 그들의 물건을 빼앗는 사람들이었습니다. 그들은 시장과 큰 거리에서 민족의 적들을 공격하고서 소란을 일으키고 그 소란을 틈타 정권을 탈취하려는 의도를 가진 사람들이었습니다. 안타깝게도 예수가 살던 시대 이 강도들은 대중의 지지를 많이 얻지 못했습니다. 그들은 자기들이 하는 일들이 옳다고 여기는 자기 의가 강한 사람들이었습니다. 그들은 여러 마을과 도시를 다니며 사람들에게 자기들의 의를 과시했고 자기들을 따르거나 돕지 않는 사람들을 적으로 간주했습니다. 그 강도들이 예수와 비슷한 시간에 체포되었습니다. 그리고 십자가 처형을 선고받았습니다. 그들은 예수와 함께 고난 당했습니다. 그들은 예수와 함께 십자가를 지고 골고다로 갔습니다. 그들은 예수와 함께 골고다에서 십자가에 달렸습니다. 누군가는 십자가에 달린 그들을 동정하는 마음을 품기도 했겠으나 대부분 예루살렘 사람들은 그들의 과격한 태도와 거칠고 무자비한 행동을 비난했습니다. 강도들은 자기들이 옳은 일을 한 것이라고 외치며 자기들의 십자가 처형이 부당하다고 소

Crucifixion, 1620
Peter Paul Rubens

리쳤습니다. 하지만 사람들은 그들의 말에 귀 기울이지 않았습니다. 로마의 압제 아래, 헤롯의 불의한 통치 아래 사는 일이 힘들고 어려웠으나 그렇다고 그 현실을 뒤엎는데 앞장서는 저 강도들이 달가운 것도 아니었습니다. 강도들은 그렇게 사람들의 외면과 비웃음 속에 십자가에서 죽어갔습니다.

02

강도들은 십자가 처형이 두려웠고 고통스러웠습니다. 그들은 자기들이 당하는 이 모든 고통과 죽음이 부당하다고 여겼습니다. 그러나 아무도 동조하지 않았습니다. 그들은 결국 자기들을 십자가의 자리로 몰아세운 동족과 예루살렘 사람들 그리고 로마 사람들을 저주했습니다. 그들은 십자가에 달린 채 온갖 비난과 더러운 말들로 그들 앞에 선 사람들을 욕했습니다. 그들은 민족을 위해 벌인 강도짓을 의로운 것으로 여기며 십자가에 달린 자기들을 제외한 모든 이들이 불의하다고 외쳤습니다. 그러나 그들의 저주와 야유는 그들을 십자가에서 구원하지 못했습니다. 십자가에 달린 채 그렇게 소리치고 버둥거리는 일은 고통만 가중할 뿐입니다. 잠시 침묵이 이어졌습니다. 그러다 한편에 달려 있던 강도가 비난의 화살을 예수에게로 돌렸습니다. 그는 함께 십자가에 달려 고통당하는 예수를 향해 저주와 욕을 퍼

부었습니다. 그는 예수를 향해 "당신이 그리스도라면 당신과 우리를 구원하라"고 조롱하고 비난했습니다. 그때 다른 편에 있던 강도가 동료를 꾸짖습니다. 그는 십자가에서 고통당하던 마지막 순간 스스로 의롭다고 여기던 모든 것을 내려놓고 함께 십자가에 달린 예수를 바라보았습니다. 그리고 예수에게 자기의 죽음 다음을 의탁합니다. "당신의 나라에 임하실 때에 나를 기억하소서."눅 23:42 한편 강도는 스스로 직면한 고난과 죽음의 끝자락에서 모든 인간이 피할 수 없는 한 가지 질문, 자기 삶의 결론이 무엇일지에 관한 질문을 던지고 그 질문에 대한 답을 함께 십자가에 달린 예수에게서 찾습니다. 그가 살아온 삶의 결론은 이제 예수에게 달렸습니다. 함께 십자가에 달린 연약한 예수가 그의 인생의 어떠했음을 결론 지으려 합니다.

03

두 번째 소나타에서 하이든은 한편 강도와 예수의 대화를 두 부분으로 이루어진 형식binary form의 음악으로 담았습니다. 앞부분은 강도가 예수에게 말하는 것이고 뒷부분은 예수가 강도에게 말하는 부분으로 이루어져 있습니다. 두 부분은 매우 안정적으로 진행됩니다. 일단 강도가 말하는 부분은 다단조와 바단조로 이루어져 있습니다. 절망 속에서 희망을 찾는 모습입니다. 반면

내가 진실로 네게 이르노니,

오늘 네가 나와 함께 낙원에 있으리라

자비와 은혜, 사랑이 가득하신

당신은 중보자요, 하나님의 어린 양이시라

그가 후회로 가득 차 당신께 외친다면

당신의 나라에 임하실 때에 아, 나를 기억하소서!

당신은 가득한 연민으로 그에게 약속하시나니

오늘 네가 나와 함께 낙원에 있으리라

주님 하나님, 우리를 보소서!

십자가의 발치에서 보소서

우리의 참된 통한과 회개를!

아버지, 우리의 통한함을 보소서!

마지막 시간에

당신의 입술로부터 위로함을 주소서

오늘 네가 나와 함께 낙원에 있으리라고

예수가 말하는 부분은 내림마장조와 다장조로 이루어져 있습니다. 긍정적인 가능성을 그리고 있습니다. 한편 강도는 다른 강도와 달리 고통 가운데 자기를 겸손하게 낮추고서 함께 십자가에 달린 예수에게 자기 영혼을 부탁합니다. 그는 그가 해온 모든 일이 하늘 하나님 앞에 서게 되었을 때 자기를 정당화하지 않는다는 것을 알았습니다. 그는 지금 함께 십자가에 달린 예수에게 자기 가난함과 곤고함을 피력하고 자기 영혼을 맡겼습니다. 그리고 세상 가장 낮은 자의 겸손함으로 고통 가운데 있는 자기를 구원해 달라고 예수에게 탄원합니다. 예수는 고통 가운데에서도 한편 강도의 이야기를 듣습니다. 그리고 그에게 세상 어디에서도 얻을 수 없는 평안을 약속합니다. 하이든은 예수가 강도에게 낙원을 약속하는 부분을 사람들이 가장 듣기 편안한 종류의 음악으로 표현했습니다. 흥미롭게도 이 두 부분은 서로가 묘하게 비슷한 음악적 모티브의 전개를 보여줍니다. 즉, 두 부분은 서로 같은 음악으로 들립니다. 그러나 분위기는 완전히 다릅니다. 강도는 애절한 단조의 톤으로 자기 영혼을 탄원하고, 예수는 확신에 찬 위로의 장조 분위기로 그를 낙원에 초대합니다. 두 사람은 십자가에서 고통받고 있지만 이미 낙원에 들어선 것 같습니다. 하이든은 이 곡을 다단조에서 내림마장조로 그리고 바단조에서 다장조로 이으면서 예수와 강도의 대화를 하늘로 올라가는 것 같은 모습으로 그렸습니다.

04

한편 강도의 질문과 요청을 들은 예수는 그를 바라보았습니다. 그리고 그에게 이렇게 말했습니다. "내가 진실로 네게 이르노니 오늘 네가 나와 함께 낙원에 있으리라." 예수는 그가 어떤 사람인지 묻지 않습니다. 예수는 오직 그가 십자가 고난과 죽음을 끝내고 나서 어떻게 될지만 이야기합니다. 십자가에 달린 예수는 그가 어떤 신분으로 태어나 어떻게 자랐는지 묻거나 탐구하지 않습니다. 예수는 그가 자신의 가르침을 받았던 문하생이었는지, 혹은 자기와 함께 한 번이라도 식탁의 교제를 나누었던 사람이었는지 묻지 않습니다. 예수는 그가 나이 들어 어디를 거점으로 어떤 사람들과 더불어 그 파괴적이고 전복적인 강도짓을 해왔는지도 묻지 않습니다. 예수는 십자가에 달린 채 묵묵히 그가 자신과 함께 십자가에 달려 있다는 사실에 주목합니다. 그 역시 예수와 함께 감옥에 갇혔고 구타당했으며, 채찍질 당했습니다. 온갖 비난과 조롱 속에 자기가 죽을 십자가를 홀로 지고 골고다 처형장으로 왔습니다. 그리고 동일하게 묶이고 못박힌 채 십자가에 달렸습니다. 예수는 그 강도라 불리는 사람이 자신과 동일한 질감의 고난, 그 아픔과 고통을 견디며 십자가의 자리까지 왔음에 주목하고 있습니다. 예수는 이제 그가 수고한 모든 것을 잘 알겠다는 듯, 자기 인생의 결론을 묻는 한 인간에게 평안히 쉴 수 있는 낙원을 허락합니다. 한편 강도는 예수와 함

께 고난 당하고 예수와 함께 십자가에 달렸으며 그 모든 여정에
서 예수를 알아보았습니다. 그는 이제 자기와 함께 고난 당하는
가운데 자신의 죽음을 고결하게 성취하고 있는 예수에게 자기
영혼을 의탁하고 있습니다. 그리고 그의 요청은 받아들여졌습
니다.

05

크리스토퍼 자이츠Christopher R. Seitz는 '한편 강도'와 예수가 그때
그 십자가에서 서로 떨어질 수 없는 운명으로 묶였다고 말했습
니다. 강도는 그가 살아온 삶의 어떠함이 아니라 예수와 더불어
고난의 여정을 함께 함으로 예수와 하나가 되었습니다. 결국에
강도는 그가 십자가를 지기 전까지 살아온 삶의 명분으로 예수
와 낙원에 이른 것이 아니라 예수와 동질의 십자가를 온전히 감
당한 그 수고로 낙원에 있게 된 것입니다. 예수는 자신과 함께
고난의 여정을 동행하는 동료를 바라보며 "참으로 수고했다."
라고 격려합니다. 그리고 자신과 마지막 죽음의 순간을 넘어서
려는 그에게 "네가 나와 낙원에 있으리라." 말하며 그의 마지막
힘을 돋웁니다. 고난의 길을 가는 사람은 그 모든 고난이 오직
자기만의 것이라 독식하지 않습니다. 그는 자기가 지고 가는 십
자가, 자기가 달린 십자가의 아픔이 또 다른 누군가 역시 경험

하는 '인간의 아픔'이라는 것을 잘 압니다. 그는 자기 고난의 길을 가는 동료의 아픔, 그 고통의 실체를 잘 알고 있습니다. 그는 지금 겪고 있는 고통이 얼마나 피하고 싶었던 것인지, 얼마나 벗어나고 싶은 것인지를 잘 압니다. 그래서 동료가 고난의 길을 부인하고 벗어나려 할 때 오히려 그의 손을 잡고 함께 고난을 넘어서 위로하고 격려합니다. 고난의 길을 가는 사람은 그 고난의 실체적 고통을 너무도 잘 알기에 그 동질의 길을 가는 누군가에게 진한 동료가 되어줍니다. 그는 동료에게 이렇게 말합니다. "인내하세요. 곧 끝날 겁니다. 우리는 이길 수 있습니다. 이 고비를 넘어서면 당신과 나는 평안의 시간을 맞이할 것입니다." 예수와 한편 강도가 그렇게 하나였듯, 우리도 십자가에 달려 고통받는 누군가의 동료입니다.

세 번째 소나타
Sonata 3

사랑하는 사람들을 향해

여자여 보소서 아들이니이다...
보라 네 어머니라
요한복음 19장 26~27절

QR코드를 스마트폰으로 스캔하시면
토비아선교회 유튜브 채널에서
고난주간 음악묵상으로 묵상하실 수 있습니다.

01

예수는 십자가에서 어머니 마리아를 보게 됩니다. 예수는 슬피 울고 있는 어머니 마리아를 부릅니다. 어머니 마리아는 십자가에 달려 고통 가운데 신음하는 아들의 부름에 응답하여 십자가 앞으로 나아옵니다. 성경은 이 부분을 아들 예수가 어머니 마리아에게 한 말들로 채우고 있습니다. 어머니 마리아의 이야기는 등장하지 않습니다. 그러나 하이든은 이 대목에서 아들과 어머니의 마지막 대화를 보았던 것 같습니다. 아들은 어머니를 바라보며 미안한 마음과 사랑하는 마음, 그리고 평안하기를 바라는 마음을 전합니다. 어머니 마리아는 아들의 이야기에 별다른 대답을 하지 않습니다. 대신 마음으로 이야기합니다. 아들과 어머니의 대화는 하이든의 세 번째 소나타에서 애절하지만 따뜻한 이중의 멜로디로 이어집니다. 고통 속에서 가느다란 고음으로 뱉어내는 아들의 외마디 말들을 어머니는 따뜻한 중저음으로 화답합니다. 음악은 어머니를 찾는 아들의 목소리와 아들의 목소리에 화답하는 어머니의 목소리가 아름답고 따뜻한 화음으로 이어집니다. 그러다 어느 순간 아들은 고통에 못 이겨 말을 잇지 못합니다. 그러자 어머니는 그런 아들이 힘이 들까 더 말을 잇지 못하고 고개를 떨구며 침묵합니다. 그리고 잠시후 다시 아들은 어머니를 찾습니다. 어머니는 기다렸다는 듯 아들의 부름에 화답합니다. 십자가 위 아들과 십자가 아래 어머니의 눈과

*Christ Crucified with the Virgin,
Saint John and Mary Magdalene*, 1617
Anthony van Dyck

마음으로 나누는 대화는 그렇게 끊어질 듯 이어지고 끊어질 듯 이어집니다. 아들은 어머니를 지극히 사랑하는 마음을 다하고 어머니는 그런 아들의 마음을 알고 아들을 위로합니다. 하이든은 성경이 말로 다 표현하지 않는 아들과 어머니의 대화를 이렇게 아름다운 선율로 만들어 세 번째 소나타를 채웠습니다.

02

예수에게는 사랑하는 어머니가 있었습니다. 성경은 예수와 부모가 잠시 이집트에 피해 있다가 다시 돌아와 고향인 갈릴리 나사렛에 정착했다고 되어 있습니다.눅 2:39 어머니 마리아는 예수가 어렸을 적부터 아이의 각별함을 보았습니다. 마리아는 사람들이 아이를 대하는 것이나 아이가 사람들을 대하는 것에서 아이가 자라면 무언가 특별한 사람이 되리라는 것을 알았습니다.눅 2:51 실제로 마리아의 아들 예수는 자란 동네인 나사렛에서나 주변 갈릴리 일대에서 각별한 사람이 되었습니다. 아들 예수는 갈릴리 곳곳을 다니며 사람들에게 하늘로부터 받은 비전과 복된 소식을 전했습니다. 많은 사람에게 위로가 되었고 많은 사람이 아들 예수를 참으로 복된 사람이라 여겼습니다. 어느 날 어머니 마리아는 점점 이름이 알려져 가고 있는 아들 예수를 결혼 잔칫집에 데려갔습니다. 거기서 아들에게 사람들 앞에서 각

별한 일을 보여달라고 청하기도 했습니다.요 2:3 물론 아들 예수
는 그런 어머니의 청을 들어드렸습니다. 어머니 마리아는 아들
예수의 특별한 모습에 더욱 큰 기대를 품지 않을 수 없었습니다.
어머니 마리아는 혹시나 아들이 세상 사람들이 우러러보는 그
런 높은 자리에 서지 않을까 하는 기대를 품었습니다. 호의호식
하며 권세를 누리고자 함이 아니라 그런 높은 자리에 서서야 진
정 세상을 이끌 수 있으리라는 세상 모든 어머니의 평범함 마음
이었습니다. 그러나 아들 예수는 어머니나 가족이 은근히 기대
하던 그런 모습이 되지 않았습니다. 아들 예수는 사람들을 위하
고 당대 가난한 사람들을 품으며 낮은 자리의 사람들을 위해 봉
사하고 헌신하는 사람이 되었습니다. 그리고 그들을 위해 자신
을 아낌없이 내어주고 고난을 당하는 그런 사람이 되었습니다.

03

어머니 마리아는 아들의 소식을 듣고 급하게 아들이 선 자리로
왔습니다. 아들은 세상 모든 사람이 올려보는 높은 자리에 서
있었습니다. 그런데 그 자리는 세상 권력자들이 앉아 있는 권좌
가 아니었습니다. 그 자리는 십자가의 고통스러운 고난과 죽음
의 자리였습니다. 어머니로서 아들이 그런 고통스러운 자리에
매달려 있는 것을 바라보는 것은 끔찍한 일입니다. 어머니 마

여자여, 보소서, 아들이니이다. 보라, 네 어머니라!
절망 속에 흐느끼는 예수의 어머니
십자가 곁에 서 한숨 지으시며
쓰라린 헤어짐의 시간 속에서
그 고난의 고통을
일곱 배로 느끼시었습니다
괴로움 가운데 정신을 차리기 어려웠으나
변함 없이, 그리고 침착히
당신은 그 신실한 제자를 당신의 아들로
우리 모두를 당신의 자녀로 삼으시었습니다
모든 죄인의 피난처이신 예수의 어머니시여
당신 자녀의 간구를 들으소서
모든 죄인의 피난처시여
우리의 마지막 진통에 함께 하소서
자애함이 가득하신 어머니시여
우리의 위로가 되소서!
죽음과 함께 우리가 몸부림칠 때
그리고 우리의 두려운 마음의 한숨이
당신에게 드높이 보내어질 때
거룩한 어머니시여, 우리가 굴복하지 않게 하소서!
원수를 넘어서도록 도우시고
우리의 마지막 진통에 함께 하소서
마침내 죽음과 함께 우리가 몸부림칠 때
당신이 우리의 어머니이시며
당신의 아들과 함께 우리 위해 중보하심을 보여주소서

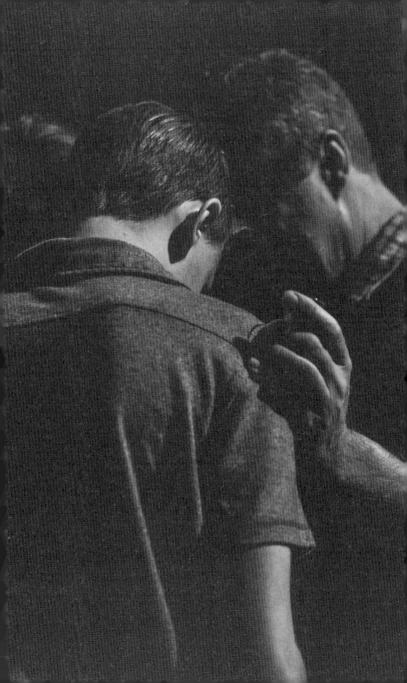

리아는 사랑하는 아들이 눈앞에서 조롱당하고 고문당하여 고
난 가운데 죽어가고 있는 모습을 지켜볼 수밖에 없습니다. 어머
니 마리아에게는 아직도 아기 예수의 부드러운 살결과 어릴적
예수의 또렷하고 해맑은 눈망울이 기억납니다. 어머니를 위해
서라면 어떤 것이라도 최선을 다하던 듬직한 아들을 잊지 못합
니다. 어머니 마리아는 고통 가운데 신음하며 나무에 달린 아들
을 바라보며 하염없이 눈물만 흘립니다. 시인 야코포네 다 토디
Jacopone da Todi와 수많은 중세 시인들이 어머니 마리아의 슬픔Stabat
Mater을 이렇게 노래로 읊었습니다. "고통스러운 십자가 형벌 가
운데 그리스도께서 그 위에 계십니다. 그녀(어머니 마리아)는
그 아래에서 그녀의 영광스러운 아들이 격렬한 고통 가운데 있
는 모습을 지켜보고 있습니다."*Christ above in torment hangs, She beneath
beholds the pangs of her dying glorious Son.* 세상 어떤 어머니도 아들의 처
참한 고난과 죽음을 지켜볼 수 없습니다. 아들이 죽어가는 장면
을 지켜본다는 것은 어머니로서 가장 큰 저주를 받은 것입니다.
사랑하는 아들이 무엇 때문에 저렇게 처절한 고통을 받으며 죽
어야 하는지 물으며 어머니 마리아는 가슴을 칩니다. 세상 어떤
것으로도 그녀를 그 슬픔의 자리에서 벗어나게 할 수 없습니다.

04

고통 가운데 죽음을 향해 나아가던 예수는 어느 순간 십자가 아래 선 어머니를 보았습니다. 예수는 하염없이 울고 있는 어머니 마리아를 향해 이렇게 말합니다. "어머니 보세요. 아들입니다." 아들 예수의 이 한 마디는 많은 것을 함의합니다. 죽어가는 아들과 그것을 지켜보고 있는 어머니 마리아 사이에는 이 한 마디를 매개로 많은 이야기가 오갔습니다. 어머니 마리아는 애절한 마음으로 아들의 운명이 하늘이 내려준 사명과 책임에 달려 있었음을 알고는 있었으나 이 정도일 줄 몰랐다고 말합니다. 예수는 고통스러운 신음 사이사이 어머니 마리아에게 이 십자가가 바로 자신에게 주어진 하늘의 숙명이었음을 말합니다. 아들은 사람들을 품고 사람들을 위해 수고하며 사람들을 위해 자신을 내어주는 일, 그래서 십자가 위에 높이 서는 일이 자신에게 주어진 인생이요 삶이었다고 말하고 있습니다. 어머니 마리아는 그제야 자기가 낳아 키운 아들, 자기의 꿈과 기대를 훨씬 넘어선 곳에서 스스로 자기 십자가를 지고 가는 한 사람을 보게 됩니다. 그러나 아들 예수는 그 마지막 순간, 자신이 아들임과 십자가 아래 선 여인이 어머니임을 잊지 않습니다. 아들 예수는 십자가 아래 선 여인에게 자신이 바로 당신의 사랑을 받아 자란 아들, 이제 지극한 마음으로 어머니를 사랑하는 아들이라는 것을 말합니다. 그런데 어머니를 바라본 예수의 눈에 어머니 마리아의 나머지 삶이 걱정으로 들어옵니다. 아들 예수는 사랑하는 어머니의 삶을 염려하는 가운데 옆에 선 유일한 제자 요한에게 이렇게 말합니다. "보라, 네 어머니다." 죽어가는 아들이 어머니를 위해 할 수 있는 것이 없음을 아는 예수는 십자가 위 죽음의 순간 자신의 사랑하는 어머니를 제자에게 부탁합니다.

05

고난 가운데 십자가를 지는 사람에게 이 땅에 남아있는 사랑하는 사람들에 대한 염려는 겉으로 드러나지 않는 마음의 무거운 짐입니다. 그것은 덜어낼 수도 없고 질 수도 없는 채 남겨진 그들 마음의 십자가입니다. 전쟁터로 나가는 장수의 가족을 향한 마음이 편안할 리가 없습니다. 어려운 일을 해결하기 위해 사지와도 같은 현장으로 나서는 경찰이나 소방대원들의 가족에 대한 마음이 사랑하는 사람을 염려하는 평범한 사람들의 마음과 다를 리가 없습니다. 위독하신 어머니를 지키지 못한 채 응급 수술을 진행했던 한 의사가 수술이 끝나고 정작 자기 어머니는 돌아가셨다는 이야기를 듣고 수술실에 주저앉아 많이 울었다는 이야기를 들었습니다. 의료봉사를 위해 제3세계 오지로 나가는 의사 부부가 고향에 계신 부모님을 염려하다가 다니던 교회 목사님에게 두 분을 의탁했다는 이야기를 들었습니다. 그 목사님

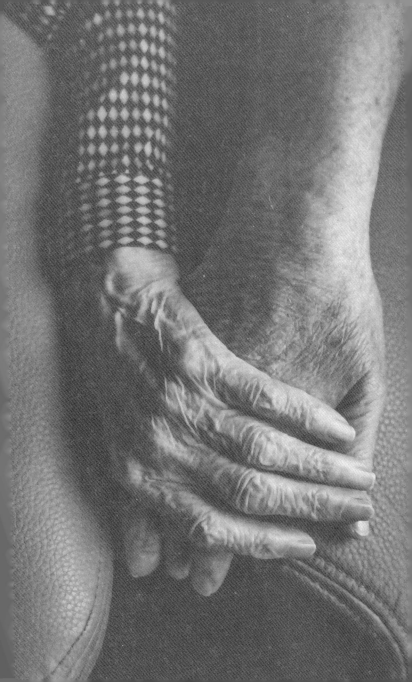

은 그 후 의사 부부가 사명을 마치고 돌아오기까지 정성스럽게 부모님을 모시다가 아버님이 소천하시자 목사님이 직업 상주가 되기도 했다는 후일담도 들었습니다. 십자가의 길을 나서는 사람들에게 남겨진 사람들은 안타까운 마음의 부담입니다. 그들은 주어진 사명과 책임을 위해 자기 인생의 중요한 사람들에 대한 미안한 마음은 그저 묻어두기만 합니다. 그들은 남을 위해 헌신하는 사명의 길을 가면서 오래전 묻어둔 사랑의 마음을 아파하고 괴로워합니다. 그 아픔은 그들이 걸어가는 고난의 십자가 길 내내 마음을 맴돌다 어느 순간 목에 가시처럼 한쪽에 걸린 채 빠지지 않습니다. 그때 십자가의 길을 가는 사람은 안타까운 마음으로 사랑하는 사람을 바라보며 그저 잘 있으라고, 잘 살아야 한다고 말합니다. 그들에게는 그 말 외에 다른 말이 없습니다. 그것이 남겨진 사람들을 향한 고난 당하는 이의 안타까운 마음 씀씀이입니다.

온전히 혼자인 길에

엘리 엘리 라마 사박다니
나의 하나님, 나의 하나님, 어찌하여 나를 버리셨나이까
마태복음 27장 46절, 마가복음 15장 34절

QR코드를 스마트폰으로 스캔하시면
토비아선교회 유튜브 채널에서
고난주간 음악묵상으로 묵상하실 수 있습니다.

01

십자가 고난과 죽음의 길은 너무나 고통스럽습니다. 죄인은 이미 심문 과정에서 무수히 구타당하여 살이 터지고 근육이 끊어지고 심지어 탈골되거나 골절을 겪기도 합니다. 그런데 십자가형 판결이 나면 폭력은 더욱 심해집니다. 형을 집행하는 로마군인들은 사람에게 고통을 가하고 죽이는 일에 전문가들이었습니다. 군인들은 죄인에게 매질과 채찍질을 가하는 것으로 십자가처형을 시작합니다. 날카로운 쇳조각이나 뼛조각이 달린 채찍질을 당하는 것만으로도 죽을 수도 있습니다. 이제 죄인은 온몸이 만신창이인 채로 자기 십자가를 지고 처형장으로 끌려갑니다. 그리고 처형장에서 죄인은 팔과 다리를 나무에 묶인 채 못에 박혀 높이 세워집니다. 팔목에 박힌 못은 자칫 동맥을 건드릴 수 있었습니다. 그렇게 되면 과다출혈로 빨리 죽기도 합니다. 그러나 대부분 십자가형은 그런 일들을 교묘하게 피해 갑니다. 십자가에 매달린 사람은 온몸의 하중을 못 박힌 발끝과 무릎으로 버팁니다. 그러나 곧 죄인의 몸은 아래로 축 늘어집니다. 그렇게 되면 곧 숨이 가빠오고 질식할 것 같습니다. 죄인은 다시 못 박힌 발끝의 고통을 이기고서 무릎에 힘을 주면서 몸을 곧추세워야 합니다. 십자가 위 죄인은 이 일을 무한 반복합니다. 무엇보다 고통스러운 것은 낮의 열기와 밤의 냉기입니다. 십자가에 달린 죄인은 낮에는 태양의 열기 아래 노출되어 있어야 했고

Crucifixion, 1622
Simon Vouet

밤에는 차가운 냉기를 그대로 맞고 있어야 했습니다. 그러나 십자가 처형이 무엇보다 어려운 것은 심적인 고통입니다. 십자가에 달린 죄인들은 그 죽음의 길을 가는 내내 사람들에게 조롱당하고 멸시를 받아야 했습니다. 누구도 도와주지 않고 함께 하지 않는 가운데 철저하게 홀로 십자가에 달려 있습니다.

02

예수 역시 이런 극심한 고통 가운데 서서히 죽어갔습니다. 그역시 이 모든 고통의 시간들을 홀로 감당했습니다. 예수는 겟세마네로부터 혼자였습니다. 제자들 가운데 누구도 예수의 십자가 길을 동행한 사람은 없습니다. 나머지 제자들과 동행했던 사람들은 그 밤 겟세마네 동산에서 모두 도망쳤습니다. 베드로는 남았습니다. 그러나 그 역시 예수의 지인이라고 지목당하자 곧 예수를 부인하고 그 자리를 벗어났습니다. 예수는 이후 심문과 구타도 혼자 당했으며, 채찍질을 당하던 그 비참한 자리에서도 혼자였습니다. 빌라도가 '이 사람을 보라'고 외치던 순간, 예수는 혼자였습니다. 사람들 앞에 주목받던 그 자리는 몸과 마음이 고통스러운 홀로된 자리였습니다. 예수가 십자가에 달려 있던 그 순간 거기 십자가 앞을 지키던 사람들은 예수를 바라보며 아파했을지언정 그 고통을 나누지는 못했습니다. 그 고통스럽고 절망스러우며 모욕적이기까지 한 십자가 길에 동료가 있을 턱이 없습니다. 예수의 십자가 고통은 온전히 예수 혼자만의 몫이었습니다. 그 어느 순간 예수가 고통 가운데 울부짖듯 외쳤습니다. "엘리 엘리 라마 사박다니-나의 하나님, 나의 하나님, 어찌하여 나를 버리셨나이까?"마 27:46, 막 15:34 예수는 다른 모든 사람이 자기를 버리더라도 하늘 하나님만큼은 자기를 이렇게 홀로 둘 수 없다고 외칩니다. 이 모든 고난과 죽음이 하늘 하나님의 계획과 의지로 벌어진 일이니만큼 자신의 고통을 하늘만큼은 외면해서는 안 된다는 것입니다. 그러나 안타깝게도 하늘 하나님조차 예수의 고난과 죽음을 방치했습니다. 하늘은 예수를 철저하게 홀로 두었습니다. 십자가 고난과 죽음의 자리, 예수가 나아가고 지켜 섰던 자리는 홀로 가는 길이었습니다.

03

하이든은 네 번째 소나타에서 예수의 십자가 고난을 정말 깊이 있게 묵상한 것 같습니다. 몇몇 전래하는 악보에 의하면 하이든은 이 곡의 제1바이올린 연주 부분 곳곳에 "왜"why라는 메모를 달아놓았습니다. 무려 스물네 번에 달합니다. 이것은 질문과 더불어 연주를 시작하라는 의미입니다. 하이든의 지시에 의하면 이 소나타의 주요 모티브에서 제1바이올린과 제2바이올린은 다

나의 하나님, 나의 하나님, 어찌하여 나를 버리셨나이까?

어찌하여 나를 버리셨나이까?

그 누가 하나님의 역사를 볼 수 있는가?

그 누가 이 신비를 이해할 수 있는가?

강하고 능하신 하나님,

권능의 하나님,

우리는 당신의 손으로 빚은 역사이며

주님, 당신의 사랑이 우리를 구원하였나이다

우리 위해 당신은 고통과 조롱,

버려짐과 두려움, 고난을 겪으셨나이다

그 누가 당신을 사랑하지 못하겠나이까, 주여

그 누가 당신을 죄악으로 슬프게 하겠나이까?

그 누가 당신의 은혜를 부정하겠나이까?

그 무엇도 당신으로부터 우리를 갈라놓지 못할 것입니다

여기, 그리고 영원히

른 악기들보다 한 박자 일찍 강세forzando를 주면서 연주를 시작하게 됩니다. 그리고 비올라와 첼로는 동일한 강세로 역시 질문 가운데 바이올린들을 따라갑니다. 바이올린은 급박한 기대감 가운데 빨리 답을 얻으려는 생각으로 한발 앞서 "왜"라는 질문을 던지고 있습니다. 그런데 바이올린이 자기 질문에 대한 답을 들을 새도 없이 또 다른 악기들이 동일한 질문을 연속해서 던지며 나옵니다. 음악에서는 이런 것을 캐논canon, 典則曲이라고 부릅니다. 일반적으로 어떤 악장의 전개에는 이런 식의 기대expectation와 긴장suspension, 그리고 해결resolution로 이어지는 화성학적 전개가 있습니다. 일반적인 음악에서는 화성학적 전개에서 최종적인 하모니는 그 음악이 전제하는 문제의 해결을 의미합니다. 그런데 하이든의 이 네 번째 소나타에는 그런 해결 포인트가 존재하지 않습니다. 앞서 언급한 캐논 구조에서 제1,2바이올린이 급박한 기대감 가운데 던진 질문은 이어지는 비올라와 첼로의 포르잔도 속에서 해결되지 않은 채로 긴장감만 고조됩니다. 그리고는 다른 연속 질문 속에서 앞선 질문은 묻히고 맙니다. 피아노곡 역시 마찬가지의 긴장을 유지하고 있습니다. 하이든의 음악 속에서 예수는 해결되지 않는 질문을 계속 던집니다. 그러나 네 번째 소나타가 진행되는 내내 예수는 하늘로부터 그 어떤 답을 얻지 못합니다. 하이든은 그렇게 예수를 답을 얻지 못한 절망스러운 모습으로 방치합니다.

04

1944년 독일 나치의 아우슈비츠 수용소에 끌려갔던 엘리 비젤 Elie Wiesel은 그때의 경험을 담아 『밤』Night라는 소설을 썼고, 그것으로 1986년에 노벨문학상을 받았습니다. 그 소설의 한 대목에 나치 수용소에서 귀여움받던 남자아이를 지칭하는 피펠pipel이라는 소년이 교수형을 당하는 장면이 등장합니다. 소년은 마치 예수님처럼 다른 두 명의 죄수들과 함께 사형을 받았습니다. 게스타포의 명령으로 세 사람의 목에 올가미가 씌워지고 드디어 형이 집행되었습니다. 그때 엘리 비젤의 뒤에서 누군가 이렇게 말했습니다. "도대체 하나님은 어디에 계신거야?" 몸무게가 많이 나가는 두 사람은 쉽게 숨이 끊어졌습니다. 그런데 나이가 어리고 몸이 가벼운 소년은 그렇지 못했습니다. 소년은 30분이 넘게 목이 달린 채 버둥거리고 있었습니다. 수용소의 수용인들은 관례대로 교수대 앞을 행진하며 지나갔습니다. 순서가 되어 엘리 비젤 막사 차례가 되어 그 앞을 행진할 때 소년은 여전히 버둥거리고 있었습니다. 그의 눈은 흐트러지지 않았고 볼과 혀는 여전히 불그스레했습니다. 그때 뒤에서 누군가 다시 중얼거렸습니다. "도대체 하나님은 어디에 계신 거야?" 그 이야기를 듣던 엘리 비젤의 마음에 이런 소리가 울렸습니다. "하나님이 어디 계시느냐고? 여기가 하나님께서 계신 곳이지. 저기 저렇게 교수대에 매달려 죽어가고 계시지." 그때 엘리 비젤은 아무도 함께하지 못하는 죽음의 시간을 고통스럽게 넘어가고 있는 소년에게서 하나님을 보았습니다. 젊은 엘리 비젤의 눈에 소년의 죽음은 그렇게 처절했고 고통스러웠으며 누구도 함께할 수 없는 자기만의 고난의 시간이었습니다. 그리고 그 소년의 죽음은 곧 하나님 자신의 외로운 죽음이었습니다.

05

누군가 고난과 십자가의 길을 간다면 그 길은 온전히 혼자만의 길입니다. 안타깝게도 그 길은 동행이 있을 수 없습니다. 그 고통과 외로운 마음은 나눔이 있을 수 없습니다. 사실 우리 인생이 다 이렇습니다. 우리는 인생 단계에서 여러 번 경험하는 시험장을 누군가와 동행한 적이 없습니다. 우리는 동행하고 고통을 나누는 마음으로 수술대에 함께 올라가는 사람을 본 적이 없습니다. 우리는 자식을 낳고 기르는 어려움을 함께 나누는 일을 경험한 적도 없습니다. 죽음의 자리도 그렇습니다. 우리가 삶의 마지막 순간 경험하게 되는 죽음을 누군가 대신하거나 누군가와 나누거나 더불어 동행하는 것은 있을 수 없는 일입니다. 마찬가지로 우리는 우리의 고난 깃든 삶의 여정에서 누군가를 위해 자기를 희생하여 헌신하는 일들, 그 봉사의 아름답지만 힘든 일들을 누군가와 함께할 수 있다고 생각하지 말아야 합니다. 우

리가 선택한 십자가 길의 고통과 아픔은 온전히 우리만의 것입니다. 그것은 누군가와 공유할 수 있는 성질의 것이 아닙니다. 희생과 헌신의 십자가 길을 공공기재인 것처럼 공유할 수 있는 어떤 것으로 만들려는 사람들이 있습니다. 그러나 그것은 불가능합니다. 누군가를 위한 십자가 고난은 동행한다고 해서 줄어드는 것이 아닙니다. 그것은 자기 십자가를 지는 사람의 수가 늘어나는 것일 뿐입니다. 예수와 더불어 십자가를 지기로 한 것은 예수의 고통을 나누는 것이 아니라 예수가 당한 고난을 나만의 것으로 체화하고 심화하는 것입니다. 그러니 예수가 당한 고통의 십자가를 내가 짊어지기로 했다면 그 길은 홀로 가는 것이 옳습니다. 우리는 그 처절함을 호소할 수는 있을지언정 그 고통을 경감할 수 없음을 알아야 합니다. 그래서 십자가 길인 것입니다.

간주
Intermezzo

하늘의 침묵

제육시가 되매 온 땅에 어둠이 임하여
제구시까지 계속하더니
마가복음 15장 33절

QR코드를 스마트폰으로 스캔하시면
토비아선교회 유튜브 채널에서
고난주간 음악묵상으로 묵상하실 수 있습니다.

01

하늘 하나님은 예수를 기뻐하셨습니다. 예수가 세상에 태어나던 날 하늘 하나님은 아들의 세상 탄생을 기뻐하며 천사들을 보내 노래하게 했습니다. "하늘에는 영광이요 땅에서는 기뻐하심을 입은 자들에게 평화로다..." 하늘 하나님은 예수가 자라가며 그 몸과 마음과 지혜가 세상 사람들에게 귀감이 되는 것이 보기 좋으셨습니다. 하늘 하나님이 그 어느 때보다 기뻤던 것은 예수가 메시아로 세상 가운데 서기로 한 날이었습니다. 예수는 그날 요단강에서 낙타털로 만든 옷을 입고 광야의 척박한 음식을 먹으며 지내던 예언자 세례요한에게 가서 세례를 받았습니다. 하늘 하나님은 그날이 다른 어떤 날보다 행복했습니다. 하나님은 당신을 위해 어려운 길을 가기로 결단한 아들을 기특하게 여기셨습니다. 하나님은 그래서 세례를 받고 물 위로 올라오는 아들을 향해 기쁨의 말들을 전했습니다. "너는 내 사랑하는 아들이다. 내가 너를 기뻐한다."눅 3:22 하나님은 아들에 대해 수선스러우셨습니다. 아들이 태어날 때, 예수의 탄생을 기뻐한 것은 요셉과 마리아만이 아니었습니다. 예수가 탄생하던 날 평소 적막하기만 하던 들판은 빛과 소리로 가득했습니다. 아들이 사람들 사이에서 자라갈 때, 그리고 아들이 당신의 뜻을 순종해 세상을 구원할 자로 길을 나섰을 때도 그 모든 순간들마다 하나님은 소란스러우리만치 아들의 행동에 반응하셨습니다. 하나님은 침묵

Christ Crucified between the Two Thieves, 1653
Rembrandt Harmenszoon van Rijn

의 하나님이 아닙니다. 하나님은 세상을 처음 창조할 때도 아들과 이러저러한 말씀들을 나누셨고 서로 떠들며 세상을 창조하셨습니다. 하나님은 아들과 함께 하는 일에 늘 소란스러우셨고, 아들이 세상에 와 벌이는 일들에 대해 지극한 관심으로 반응하셨습니다. 하나님은 아들이 늘 기뻤고 자랑스러운 아버지셨습니다.

02

아들 예수는 그런 하늘 하나님을 기쁘게 하는 일이 즐거웠습니다. 세상을 창조할 때도 그랬습니다. 아버지 하나님이 무거운 침묵 가운데 빠져 있던 세상을 당신의 질서로 창조할 계획을 세우셨을 때 아들 하나님은 말씀으로 함께 했습니다. 세상은 그렇게 아버지 하나님과 아들 하나님의 대화 가운데 만들어졌습니다. 세상에 와서도 아들은 스스로 벌인 모든 일을 하늘 하나님, 아버지와 대화하며 나누었습니다. 아들은 실로 하늘 아버지와 대화하기를 즐겼습니다. 그는 틈만 나면 하늘 아버지와 대화를 위해 한적한 곳을 찾았습니다. 그리고 거기서 밤이 늦도록 대화했습니다. 때로는 밤이 새도록 대화하기도 했습니다. 아들 예수는 진정 아버지 앞에서 수다스러웠습니다. 아들은 사실 하늘 아버지에게 격식 차리기를 좋아하지 않았습니다. 그래서 남들은 하늘 하나님을 두려워하며 거리를 두고서 무수한 형식으로 그 틈을 채우려 할 때, 아들은 그 하나님에게 '아빠'abba라고 부르며 친밀한 관계로 나아갔습니다.막 14:36 아들 예수는 메시아로서 십자가의 길로 나아가기 전에도 하나님과 진중한 대화의 시간을 가졌습니다. 하늘 하나님은 그런 아들의 이야기를 들으셨고 아들이 결단한 길에 힘이 되고자 당신의 거룩한 성령을 보내서서 격려하셨습니다. 아들 예수는 이후 십자가에서도 하늘을 향해 끊임없이 대화했습니다. 그런데 십자가에 달린 후 하늘 하나님은 아들을 향해 줄곧 침묵하셨습니다. 아들은 육체의 아픔보다 마음이 아팠고 마음보다 하나님과 소통할 수 없는 영혼이 아팠습니다. 그러나 하늘에 계신 아버지 하나님은 끝내 십자가에 달린 아들을 향해 침묵했습니다. 당신이 그렇게 기뻐하고 즐거워하던 아들 예수를 향해 하늘은 침묵했습니다.

03

하나님은 아들 예수가 십자가에 달린 내내 침묵하셨습니다. 침묵은 하나님의 즐거움이 아닙니다. 조물주로서 하나님은 세상을 당신의 언어로, 말씀으로 채우셨습니다. 세상 모든 피조물은 당신의 말로 빚어진 멋진 질서의 세계였습니다. 첫 인간 아담과 하와를 비롯한 시인들은 하나님의 선하신 말들로 만들어진 세상을 바라보며 거기서 하나님의 말씀들의 아름다운 질서를 찾아냈고 그것을 시로 읊었습니다. 하나님의 침묵은 결국 세상의 선한 질서가 멈춰 모든 것이 창조 이전 침묵의 세계로 돌아가는 것을 의미합니다. 하나님의 침묵은 세상의 종말을 의미합니다. 그런데 하나님께서는 아들 예수가 십자가에 달린 내내 침묵하셨습니다. 예수가 세상의 죄를 그들에게 돌리지 않고 하늘의 용서를 구할 때도, 한편 강도를 자기의 평안의 미래로 초대할 때도, 어머니 마리아와 대화하며 그녀와 미안한 사랑을 나눌 때도 하늘 하나님은 예수의 그 모든 말들에 침묵했습니다. 예수는 하나님의 침묵을 이해할 수 없었습니다. 그 모든 것은 하나님의 뜻이었고 계획이었습니다. 세상 모든 인간이 자기를 버려도 하나님만은 자기를 버릴 수 없었습니다. 예수는 하나님의 침묵이 하나님의 부재라고 여기지 않았습니다. 하나님은 함께 하시나 침묵하고 계실 뿐이라 여겼습니다. 그래서 그는 세상으로부터 눈을 감고, 귀를 막은 채 마음으로 하나님의 소리를 들으려 애썼습니다. 그렇게 세상의 소리를 줄이면 하나님의 소리를 듣게 될 줄 알았습니다. 그러나 거기에는 아무 소리도 없었습니다. 하나님은 완벽한 침묵과 외면, 부재로 예수의 십자가 죽음을 대했습니다. 예수는 큰 소리로 하늘 하나님을 찾았습니다. 그러나 하늘은 아무런 응답이 없었습니다.

04

결국 예수도 침묵했습니다. 호소할 곳이 하늘뿐이었는데, 대답이 없으니 침묵은 당연한 결과였습니다. 하늘도 침묵하고, 예수도 침묵하던 이 순간은 여느 종교의 자기 함양을 위한 묵상이나 참선의 시간과 다릅니다. 이 침묵은 하늘에게도, 십자가에 달린 예수에게도 절망스러운 침묵입니다. 이 고요함은 그것 외에는 다른 방도를 찾지 못하는 어찌할 수 없는 침묵입니다. 하나님은 아들의 사명과 책임을 위해 침묵할 수밖에 없었습니다. 아들은 고난 당하고 죽어야 했습니다. 그렇게 하는 것이 인간을 회복하는 길이고 사람을 살리는 길이며 세상을 세상답게 하는 길입니다. 그 모든 일이 온전하게 이루어지려면 아들이 죽어야 합니다. 결국 하늘 하나님은 아들의 죽음 앞에서 침묵합니다. 아들의 처절한 외침을 외면합니다. 결국 아들의 죽음의 자리를 피하고 말았습니다. 하늘 하나님은 아들의 고난을 어려워했고 아들의 죽음을 힘들어했습니다. 성경은 이 순간 온 땅에 어둠이 임했다고 기록하고 있습니다. 십자가에 달린 아들 예수를 향한 하나님의 침묵은 곧 세상의 어두움이었습니다. 하나님의 눈물 어린 침묵은 사실 세상 모든 고난 가운데 있는 이들의 아버지의 눈물 어린 침묵입니다. 어느 아버지인들 아들의 고난을, 아들의 죽음을 외면하고 싶겠습니까? 어느 아버지인들 아들의 고통스러운 하소연을 듣지 않으려 하겠습니까? 그러나 아들의 인생 어느 순간 아버지는 침묵해야 할 때가 있습니다. 아들이 그 수고스러움을 알고도 길을 갈 때, 그 의미를 아는 아버지는 침묵합니다. 그러니, 하늘 하나님의 십자가를 향한 침묵을 초월적인 신의 어떤 것으로 보지 말아야 합니다. 그것은 우리와 다를바 없는 범부凡父의 아픔이고, 슬픔이고, 절망이며, 고통입니다.

05

하이든은 네 번째와 다섯 번째 사이 이 간주를 관객을 위해 쉬어가는 국면으로 두지 않았습니다. 이 곡은 예수의 네 번째 말과 다섯 번째 말 사이에서 지극한 슬픔으로 존재합니다. 하이든은 이 곡을 십자가 처형의 두 번째 파트로 넘어가는 길목에서 벌어진 하늘 하나님의 지극한 침묵과 슬픔으로 표현하고 있습니다. 그래서 차라리 이 곡은 두 번째 서주introduction II입니다. 예수는 하늘 하나님께 자기를 버리지 말아 달라고 탄원했습니다. 그러나 하늘은 그의 탄원을 듣지 않았습니다. 하이든은 지금부터 예수 십자가 고통스러운 죽음이 하늘 하나님의 슬픈 부재 아래 벌어지리라 예고합니다. 그래서인지 중간곡은 다른 곡들이 가진 느린 시작보다 훨씬 길고 느린 박자로 매우 무거운 슬픔 가운데 문을 엽니다. 그것은 하늘 하나님의 아버지로서 소리조차 낼 수 없는 침묵의 슬픔을 의미합니다. 이 곡에서 하늘 하나님은 돌아앉아 있습니다. 첼로는 하늘 아버지의 침묵만큼이나 무겁게 가라앉습니다. 바이올린은 길게 이어지는 여운으로 아들의 간절함을 표현합니다. 그러나 하늘은 반응하지 않습니다. 당장 어떤 반응이라도 보이고 싶지만 하늘 아버지 하나님은 그렇게 하지 않습니다. 하늘 하나님은 아들의 죽음이 가져오는 그 어떤 큰 슬픔이라도 마땅히 감내하기로 결단했습니다. 하이든의 이 중간곡에서 아들은 하늘 아버지의 부재를 절감하며 더는 어떤 기력도 없다는 듯 바이올린의 선율 가운데 점점 고개를 떨굽니다. 그럴수록 하늘 하나님은 무거운 첼로 소리 가운데 더욱 깊은 침묵 속으로 빠져들어 갑니다. 이 처절한 음악에서 아들의 신음소리는 점차 잦아들고 하늘 하나님의 침묵은 더욱 깊어갑니다.

다섯 번째 소나타
Sonata 5

고결함을 향한 갈망

내가 목마르다
요한복음 19장 28절

QR코드를 스마트폰으로 스캔하시면
토비아선교회 유튜브 채널에서
고난주간 음악묵상으로 묵상하실 수 있습니다.

01

십자가에 매달려 있는 동안 겪는 고통에서 갈증은 빠질 수 없는 부분입니다. 십자가형이 집행되는 내내 죄인은 극심한 탈수 현상을 경험합니다. 혹독한 형 집행 과정에서 다량의 피와 땀이 온몸에서 빠져나간 후, 십자가형을 받는 죄인의 온몸은 다급하게 물을 찾습니다. 결국 죄인은 타는 듯한 통증을 동반한 갈증을 경험합니다. 성경 시편에 누군가 "나는 물 같이 쏟아졌으며 내 모든 뼈는 어그러졌으며 내 마음은 밀랍 같아서 내 속에서 녹았으며 내 힘이 말라 질그릇 조각 같고 내 혀가 입천장에 붙었나이다"라며 고통을 호소합니다.시 22:14-15 마치 십자가에 달린 사람의 고통 스러운 갈증을 표현한 것 같습니다. 이때 처형자들은 "포도주"를 죄인에게 여러 번 먹입니다. 처음 먹이는 포도주는 쓸개즙이 들어간 쓴 포도주입니다.마 27:34 이 포도주를 마시게 되면 어느 정도 최면 효과로 죄인은 고통을 잊게 됩니다. 이내 십자가에 달린 죄인에게는 시어빠진 포도주를 먹입니다.요 19:29 이번에 먹이는 포도주는 죄인의 갈증을 해소해 주려는 의도가 있는 것은 아닙니다. 죄인들은 이 포도주를 마시면 오히려 최면에서 깨어나 정신을 차리게 되고, 십자가가 주는 고통의 현실로 복귀하게 됩니다. 십자가 위에서 극심한 갈증에 시달리게 되는 대부분 죄인은 그 타는듯한 목마름을 못 이기고 입술에 붙여주는 신 포도주에 입을 댑니다. 그렇게 해서라도 잠시 갈증을 잊

I Thirst, 1894
James Tissot

으려는 것입니다. 그러나 죄인은 잠시 갈증이 해소되는 것 같다가 곧 고통의 현실로 들어서게 됩니다. 십자가형은 이렇게 극도로 잔인합니다. 고통을 주고서 그 고통을 잊게 하려는 듯 보이다가 다시 고통의 현실로 끌어내기를 반복하는 것이 바로 십자가형입니다.

02

십자가에 달리기 전 예수는 쓴 포도주를 마시지 않았습니다.마 27:34 예수는 십자가 고난과 죽음의 길, 그 고통을 온전히 겪었습니다. 그것은 예수가 감당해야 하는 사명이요 책임이었습니다. 그러나 그 길은 너무나 고통스러웠습니다. 하늘 하나님도 그의 고통에 대해서는 고개를 돌리고 말았습니다. 하나님의 외면 가운데 십자가의 철저한 외로움에 직면한 예수는 그 모든 상황이 힘들었습니다. 결국 그는 고개를 떨구었습니다. 그리고 천천히 죽음의 길로 들어섰습니다. 얼마의 시간이 지났습니다. 그렇게 죽어가던 예수에게 견딜 수 없는 목마름, 고통스럽기까지 한 갈증이 찾아왔습니다. 당장이라도 못 박힌 손과 발을 뜯어내고 십자가에서 내려가 한 모금이라도 목을 축이고픈 욕망이 온몸에서 일어났습니다. 목마름의 욕망은 십자가형에서 경험한 그 어떤 육체적인 고통보다도 더한 자극이었습니다. 예수는 다시 고

개를 들었습니다. 그리고 주변을 바라보았습니다. 대부분 구경
꾼은 이미 떠나고 없었습니다. 어머니와 사랑하는 제자가 여전
히 십자가 앞에 서 있었습니다. 그의 죽음을 촉발한 예루살렘의
지도자들은 여전히 그를 노려보고 있었습니다. 군인들은 피곤
한 눈으로 십자가 아래에서 그가 어서 죽기만 기다리고 있습니
다. 예수가 이렇게 말합니다. "내가 목마르다." 요 19:28 예수의 말
을 들은 처형자들은 그가 마시지도 않은 쓴 포도주 때문에 횡설
수설한다고 여기고 이번에는 그에게 "신 포도주"를 주었습니
다. 이번에 예수는 그 신 포도주를 받았습니다. 그러나 그것이
마지막이었습니다. 예수에게는 고통을 느끼고 울부짖을 시간이
없습니다. 예수는 처형자들이 가학적 즐거움을 기대하는 그 때
그 포도주를 들고서 마지막 죽음의 길로 들어섰습니다.

03

하이든은 곡 전반에 걸쳐 주요한 모티브들에 포르잔도_forzando_ 혹
은 스포르잔도_sforzando_를 배치해 두었습니다. 그 음만 특별히 세
게 하라는 뜻입니다. 『가상칠언』은 사실 느리고 장엄한 곡인데
이런 식으로 하나하나의 음에 강세를 두도록 하는 장치들이 곳
곳에 등장합니다. 십자가 처형의 잔혹함과 그리고 그 처형을 감
당하는 예수의 육체적인 혹은 마음의 고통을 표현하는 것입니

이르시되, 내가 목마르다!
당신의 복수심을 꺾으시고 당신의 화를 누르소서!
연민이 당신을 눅이며
당신의 마음에 자비를 베푸소서
이르시되, 내가 목마르다!
그들이 그에게 포도주를 주어
쓸개와 섞어 마시게 하여
그가 생기를 찾게 하니
잔인함이 이보다 더 가혹할 수 있을지요?
이제 그는 더 이상 고통을 견디지 못합니다
그를 하나님께로 밀어내는 고통을
그 모든 선행(善行)의 고통을

다. 십자가 처형의 잔혹함 가운데 예수의 고통이 극에 달해 피와 눈물이 땅에 떨어지는 상황, 혹은 예수의 고통스러운 숨소리와 당장 터질 것 같은 심장 박동을 의미합니다. 이제 다섯 번째 소나타에서 하이든은 예수가 경험하는 극심한 육체적인 고통을 음악으로 표현하려 했습니다. 제1바이올린을 제외한 모든 악기들은 예수가 경험하는 십자가 고통 특히 극심한 목마름을 표현합니다. 초반부와 중반에 등장하는 피치카토pizzicato 반주와 곡 내내 계속되는 각 악기들의 반복적이고 지속적인 포르테forte는 십자가형의 가중되는 고통을 의미합니다. 바이올린과 비올라 그리고 첼로의 거칠게 강세를 둔 반복음은 예수의 온몸에서 피와 물이 뚝뚝 떨어지는 상황을 잘 묘사합니다. 그리고 이 거친 상황 묘사 후에 제1바이올린의 아주 간단하면서도 분명한 연주가 이어집니다. 제1바이올린은 예수의 그 한 마디, "내가 목마르다"I thirst를 표현합니다. 예수의 이 한 마디는 우리 말이나 영어로는 조금 길게 느껴지지만, 성경의 헬라어나 라틴어는 아주 간단한 한 음절 단어입니다. "Dipho"와 "Sittio"입니다. 하이든은 이 단말마斷末魔 같은 외마디를 제1바이올린에게 주어 예수의 갈증을 매우 드라마틱하게 표현했습니다. 다섯 번째 소나타를 듣고 있으면 십자가 위 움직일 수 없는 상황에서 말라붙은 입으로 목마르다고 외치는 예수를 두 눈으로 보는 것 같습니다.

04

예수에게 주어진 처형자들의 포도주는 그가 걸어간 십자가 고난과 죽음의 길에 아무런 영향도 미치지 못했습니다. 처형자들이 죄인을 조롱하기 위해 고안한 쓴 포도주와 신 포도주는 예수의 십자가를 향한 스스로의 결단과 헌신의 여정에 어떤 힘도 발휘할 수 없었습니다. 예수는 그에게 맡겨진 십자가 고난과 죽음의 길을 그에게 주어진 인간의 힘을 다해 받아들였고, 그 모든 고통을 자기 정신으로 온전히 겪었습니다. 헌신하는 죽음의 여정에서 그가 던진 한마디, "내가 목마르다"라는 말은 그래서 한편으로 지극히 육신의 것이면서도 다른 한편으로 지극히 정신적이며, 또 영적이기도 합니다. 예수가 십자가 위에서 경험한 목마름은 온전히 육신의 것이었습니다. 예수는 그 십자가에서 분명 지극히 인간적인 갈증을 느꼈습니다. 그런데 예수는 그것을 인간의 일상적이고 평범한 욕망으로 내버려 두지 않았습니다. 예수는 인간의 가장 평범한 욕구 가운데 하나인 갈증을 고결한 욕망으로 승화昇華했습니다. 그는 자신의 육체가 간절히 바라는 목마름을 희생과 헌신의 섬김, 그렇게 타인과 이웃, 세상을 하늘 하나님의 진리와 구원으로 이끌고자 하는 간절함으로 높였습니다. 프랑스의 철학자 라깡Jacques E. Lacan이 말하는 것처럼 예수의 승화는 인간적 목마름을 외면하거나 무시하지 않은 채 그 갈망에 충실한 것이었습니다. 그러면서 동시에 인간적인 간절함 가운데서 그 자신을 포함한 모든 인간, 나아가 하늘 하나님의 진리와 구원을 향한 간절함을 채워나갔습니다. 예수는 인간적인 갈망이 하늘 소망 실현의 길로 이어질 수 있음을 보여주었습니다. 예수가 외친 "내가 목마르다"라는 한 마디는 인간적인 간절함이 곧 이상적인 인간 회복을 성취하는 길임을 가르칩니다.

05

2002년 한일 월드컵 경기에서 한국국가대표팀 감독이었던 거스 히딩크Guus Hiddink 감독이 "나는 여전히 배가 고프다"라는 한 마디는 인간의 식욕이 어떻게 한 사람과 한 팀의 승리욕으로 승화될 수 있는지 잘 보여주었습니다. 그의 한마디는 결국 한 나라 모든 국민이 더 나은 삶을 향한 갈망을 품도록 하는 길이 되어주었습니다. 우리의 갈급함은 승화되어야 합니다. 지금 느끼는 목마름과 배고픔은 현재의 것으로부터 올라서서 보다 고양된 무엇을 향한 갈급함이 되어야 합니다. 우리 욕구의 승화를 위해 중요한 것은 지금의 욕구를 진심으로 경험하는 것입니다. 목마름과 배고픔 등 우리가 인간으로서 경험하는 욕구들이 가져다주는 그 모든 질감을 있는 그대로 느끼고 경험하는 것이야말로 우리의 갈망이 고결함으로 올라서게 되는 지름길입니다. 어머니의 자식을 향한 사랑의 고결한 욕구는 산고의 지극한 고

통을 그대로 경험하는 것에서 출발합니다. 작가의 역작力作을 향한 고귀한 욕망은 글쓰기의 지난한 수렴 과정을 지나고 나서야 온전히 성취됩니다. 십자가 고난과 죽음을 받아들이고 자기희생과 헌신의 길을 나선 사람들 역시 마찬가지입니다. 십자가 길이라면 당위로 주어지는 고난과 고통 그리고 쉼 없는 갈증과 배고픔은 그 길을 걷는 이들의 진중하고 숭고한 노력을 통해 승화되어야 합니다. 지금 경험하는 죽음으로 향하는 고통이 전혀 쉽지 않지만, 십자가의 길을 걸어가는 이들에게 그것은 반드시 실현해야 할 사명과 책임입니다. 십자가 길의 사람들은 그 성취에 갈급합니다. 십자가의 길을 가는 이에게 목마름은 고결한 것을 성취하기를 바라는 남다른 갈증이며, 배고픔은 고귀한 것들이 이루어지기를 바라는 간절한 허기입니다.

여섯 번째 소나타
Sonata 6

책임을 다한 자리

다 이루었다
요한복음 19장 30절

QR코드를 스마트폰으로 스캔하시면
토비아선교회 유튜브 채널에서
고난주간 음악묵상으로 묵상하실 수 있습니다.

01

예수의 십자가 처형은 대략 여섯 시간에 걸쳐 진행되었습니다. 십자가 처형은 보통 수일에 걸쳐 진행됩니다. 십자가에 달린 사람은 며칠에 걸쳐 천천히, 고통스럽게 그리고 모욕적으로 죽어갑니다. 그것은 십자가형을 설계한 사람들의 잔인한 의도였습니다. 죄인과 정적을 십자가형으로 몰아간 사람들은 그렇게 죽음의 길을 계산하여 심화했고 견고하게 했습니다. 십자가에 달려 처형되는 사람들은 가능한 고통스럽게, 천천히 그리고 모욕 가운데 죽어야 했습니다. 그것이 십자가형을 설계하고 도모하여 집행하는 사람들이 자기들이 죄인이라 여기는 사람들을 완벽하게 죽이는 길이었습니다. 그렇게 하는 것이 십자가형을 통해 그들이 얻고자 하는 승리의 방식이었습니다. 그러나 예수의 경우에 처형 집행자들과 모사꾼들은 그들이 원하는 바를 다 이루지 못했습니다. 그들은 예수를 십자가로 몰고 가는 일에는 성공했습니다. 그러나 예수를 그들이 원하는 방식으로 완벽하게 죽이는 일에는 성공적이지 못했습니다. 예수는 그들이 계획한 십자가의 길을 걸었으나 완전히 다른 고난의 길을 걸었습니다. 예수는 그들이 원하는 방식으로 고통 당하기는 했으나 완전히 다른 차원에서 그 고통을 받아들였습니다. 예수는 그들이 원하는 방식으로 죽었으나 그들이 준비한 길이 아닌 그만의 독특한 과정에서 죽음에 이르렀습니다. 십자가 앞에서 그 모든 일이 다

Christ on the Cross, 1835
Eugène Delacroix

이루어졌다고 외친 것은 로마 군인을 비롯한 처형자들이나 혹은 예루살렘의 지도자들이 아니었습니다. 십자가에서 모든 것이 완수되었다고 외친 것은 오히려 예수 자신이었습니다. 예수를 십자가로 몰고 간 사람들은 모든 것이 다 불완전한 채로 십자가로부터 돌아섰습니다.

02

하이든은 여섯 번째 소나타에서 예수가 자신을 십자가에 처형한 사람들의 숙제를 풀어준 것이 아님을 분명하게 표현합니다. 그는 이 여섯 번째 말을 예수가 자기 사명과 책임을 완수했음을 표현한 것으로 이해했습니다. 그리고 그 이해를 그대로 그의 소나타에 담았습니다. 음악에서는 일반적으로 도c-라A-파F-솔G-도c 다섯 개 음의 전개를 그 시작과 끝이 완전한 순환full circle이라고 정리합니다. 도c에서 시작하여 다시 도c로 돌아오는 전개입니다. 기타나 피아노를 배우는 학생들이나 혹은 동네에서 밴드 활동을 하는 분들 조차도 이런 식의 음 전개가 굉장히 안정적인 음악을 만들어낸다는 것을 잘 알고 있습니다. 하이든 역시 이런 식으로 안정적으로 순환하는 음 전개를 그의 여섯 번째 소나타에 담았습니다. 그는 이 소나타를 솔G-미플랫E-flat-도c-레D-솔G의 다섯 기본음으로 전개되도록 구성했습니다. 솔G에서 시작해서 다시 솔G로 돌아오는 순환입니다. 흥미롭게도 이 완전한 다섯 음 전개는 이 소나타의 주제어인 "다 이루었다"의 라틴어 표현 *"con-sum-ma-tum-est"*와 음절로 맞아 떨어집니다. 하이든은 이 다섯 음절과 다섯 음의 완전한 전개로 예수의 자기 사명 완수를 표현한 것입니다. 특히 하이든은 이것이 예수의 고통과 고난을 이겨낸 사명 완수임을 적시하기 위해 다섯 음 전개를 단조로 시작해 장조로 마치도록 했습니다. 말하자면 G단조에서 출발해 다시 원음으로 돌아왔을 때는 G장조로 끝나도록 한 것입니다. 여섯 번째 소나타에서 예수는 자기에게 주어진 모든 사명과 책임을 완수했습니다. 그리고 죽음의 자리로 들어갑니다. 하이든은 그 순간을 부드러우면서도 안정적인 화음과 음의 전개로 표현해 냈습니다.

03

예수는 자신이 결단하고 단행한 십자가의 사명, 그 책임을 끝까지 완수했습니다. 그리고 십자가에서 마지막 숨을 거두는 순간, 스스로 "다 이루었다"라고 선언했습니다. 그때 골고다에서 끝을 선언한 것은 예수 자신이지 처형자들이나 혹은 예수를 모함하고 십자가 일을 꾸민 이들이 아니었습니다. 로마 군인들은 십자가에 달린 죄인에게 행사할 수 있는 그들의 마지막 잔인한 처

다 이루었다
희생의 나무에 못 박혀
예수는 매달려있습니다
그리고 크게 외칩니다
다 이루었다
그 나무에 의해 지워진 해(害)는
이것으로 구원받습니다
너희 악한 자들에게 화 있을진저
너희 눈 먼자들에게
다른 이에게 죄를 덮어씌우는
너희 모두에게 화 있을진저!
세상아, 대체 무슨 짓을 한 것인가!
그가 위엄과 권능으로 오실 때
너희에게 자비가 있으려는가?
우리의 중보자시여, 지옥에서 우리를 구하소서
신이 만든 인간이시여, 우리의 외침을 들으소서
당신의 고통과 죽음이
우리로 인해 헛되지 않게 하소서
언제인가는 우리가 하늘을 이어받아
당신과 함께 영원히 기뻐하게 하소서

사를 이룰 수 없었습니다. 그들은 예수를 완전히 죽이기 위해 무릎뼈를 꺾는 일을 수행할 필요가 없었습니다. 예수는 이미 스스로 죽었기 때문이었습니다. 그들이 할 일은 그저 예수의 옆구리를 창으로 찔러 그 죽음을 확인하는 것뿐이었습니다. 예수는 십자가 고난의 고통스러운 현실과 그 죽음의 외로운 현실 한복판으로 내몰렸습니다. 예수는 그 길을 마치 도살장으로 끌려가는 순종하는 어린양과 같은 모습으로 온전히 감당했습니다. 그러나 그의 온전한 순종과 주어지는 고통의 하나하나를 끝까지 온전하게 체험하여 자기 것으로 삼으려 했던 모습은 그를 고난과 죽음으로 내몬 모든 인간이 그들의 승리를 자축하지 못하게 만들고 말았습니다. 그들 가운데 누구도 예수의 죽음에 대해 확고한 승리를 확보했다고 말할 수는 없었습니다. 예수에게 십자가 고난과 죽음은 누군가에 의해 끌려가 고통 당하고 죽은 것처럼 보이지만, 그것은 예수 자신의 의지와 결단에 의한 희생과 헌신의 실현이기도 했습니다. 예수는 세상과 피조물을, 인간을 그리고 그가 만났던 모든 죄인을, 모든 가난하고 연약한 이들을 회복하고 구원하는 유일한 방법이 십자가임을 알았습니다. 그는 그래서 그 길로 들어섰고 묵묵히 그 길을 갔으며 아무리 고통스럽더라도 그 길을 온전히 감내했습니다. 그리고 마침내 그 길을 완수했습니다.

04

예수의 십자가는 결국 예수의 믿음과 신념이 승리했음을 확증하는 사건입니다. 예수의 "다 이루었다."는 마지막 선언은 할 일을 다했다는 막연한 사명 완수의 선언이 아닙니다. 그것은 예수가 선택한 희생과 헌신의 방법, 십자가의 방법이 옳았음을 확신하는 선언입니다. 예수는 슈퍼맨과 같은 신적인 초월적 능력으로 세상과 피조물 그리고 사람을 구원할 수 없음을 알았습니다. 그래서 예수는 인간이 되었습니다. 그런데 예수는 호모 사피언스Homo Sapiens의 자만한 지혜만으로 세상 구원의 길이 열리지 않는다는 것도 알았습니다. 그래서 그는 평생 그들을 섬기는 종從으로서 삶을 선택했습니다. 그러나 예수는 종이 된 자의 섬김만으로는 그가 생각하는 온전한 세상을 열지 못한다는 것도 알았습니다. 그는 오직 자신을 희생하고 자신을 내어주는 것만이 한 사람 한 사람이 살길을 얻고 진리를 취하며 생명을 누릴 참 구원임을 알았습니다. 그래서 그는 자신을 내어주는 십자가의 길, 그 희생적 헌신의 죽음을 선택했습니다. 한 사람이 희생하여 자신을 내어주는 일이야말로 다른 한 사람이 온전히 생명을 누리고 평안하게 되는 길이었습니다. 그를 보내신 하늘 하나님의 뜻은 거기에 있었습니다. 십자가에서 신 포도주를 받아들고서 마지막 숨을 몰아쉬던 예수는 그 죽음의 순간 자신의 선택과 결단 그리고 헌신이 옳았음을 확신했습니다. 하늘 하나님이 그에게 내려준 지혜, 십자가의 길을 통해 자신은 죽고 누군가는 살길을 여는 것이 가장 옳은 것이었습니다. 그래서, 예수의 마지막 한 마디 "다 이루었다"는 그가 믿고 걸었던 길이 옳았음을 확증하게 되는 최종적인 승리의 순간이었습니다.

05

자기희생과 헌신으로 수고하는 사람에게는 그 길을 걷는 것이 의미와 가치가 있다는 확신, 바로 그것이 필요합니다. 사실 십자가의 길을 걷는 사람은 누구나 그 길에 대해 당위는 느낄지언정 온전한 확신을 품지는 못합니다. 그가 확신을 품게 되는 때는 그 길을 걸을 때가 아니라 그 길을 마칠 때입니다. 세례 요한은 메시아 사역을 시작하는 예수를 보며 "그는 흥하여야 하겠고 나는 쇠하여야 하리라"고 말했습니다.요 3:30 그리고 계속해서 예수를 주목해 보며 자기가 가는 쇠잔의 길이 옳은지 끊임없이 물었습니다. 우리 역시 의심의 십자가 길을 걷습니다. 그리고 우리 역시 끊임없이 자기를 내어주는 가운데 그렇게 하는 것이 과연 옳은 것인지 질문합니다. 세례 요한도 그랬지만 예수 역시 자신이 서서히 무너지는 그 길을 어려워하고 힘들어했습니다. 예수 역시 하늘 하나님께 그 길에 대해 거듭 물었습니다. 그러나, 예수는 그 모든 두려움 가득한 의심의 여정을 피하여 벗어나지 않

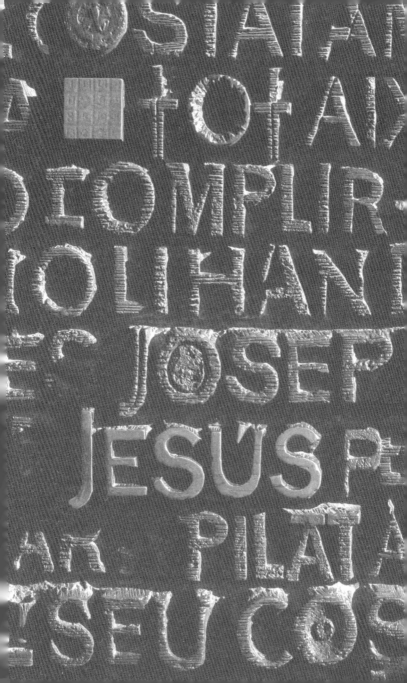

고 그의 온몸과 마음으로 끝까지 그 일을 완수했습니다. 그리고 그가 결단한 삶이 옳았음을 스스로 증명했습니다. 자기가 사그라드는 가운데에도 책임을 끝까지 완수한 자리에서야 우리는 그동안 걸어온 길의 진위를 보게 됩니다. 우리는 죽고 없어졌으나 한 사람이 생명을 얻고 진리를 알아 길을 깨닫는 것을 볼 수 있는 자리 말입니다. 서서히 감기는 눈으로 그 장면을 바라볼 때 결국 우리는 십자가의 길이 옳았음을 확신하게 됩니다. 그것은 설득을 위한 확신이 아닙니다. 우리를 기쁨 가운데 안식에 잠기게 하는 확신입니다. 예언자 이사야는 이렇게 말합니다. "그는 평안에 들어갔나니 무릇 정로로 행하는 자는 자기들의 침상에서 편히 쉬느니라" 사 57:2, 개역한글

하늘에 맡기오니

아버지 내 영혼을 아버지 손에 부탁하나이다

누가복음 23장 46절

QR코드를 스마트폰으로 스캔하시면
토비아선교회 유튜브 채널에서
고난주간 음악묵상으로 묵상하실 수 있습니다.

01

예수가 죽었습니다. 고통 속에 숨이 멎었습니다. 절망 속에 심장이 그 박동을 멈추었습니다. 누구도 잡아주지 않은 두 손은 절망한 채 늘어졌습니다. 누구도 지지해주지 않은 발은 더 버틸 힘을 상실하여 힘없이 꺾였습니다. 그는 이제 십자가에 달려 고통 가운데 울부짖는 사람이 아닙니다. 그는 십자가의 처절한 고통 가운데 신음하다가 끝내 삶의 생기를 잃어 죽은 자입니다. 그를 죽음으로 내몬 예루살렘 사람들은 그가 회생의 가능성 없이 고개를 떨구는 것을 보았습니다. 그를 사랑했던 사람들은 그의 마지막 외마디 외침을 들었습니다.[막 15:37] 예수를 처형한 사람들은 그래도 그의 죽음을 확인하려 들었습니다. 그들은 예수의 무릎을 망치로 쳐서 더는 십자가에서 버티지 못하도록 하려 했습니다. 그런데 그가 죽은 것처럼 보이자 그의 옆구리를 창으로 찔러 그 죽음을 확인했습니다. 그는 진정 죽었습니다. 그의 죽음은 호사가들이 읊어대듯 가상의 것이 아닙니다. 어떤 사람들은 그가 잠시 정신을 잃은 것이라고 말하기도 합니다. 또 어떤 사람들은 그가 신이니 신이 죽는다는 것은 말이 되지 않는다고 말하기도 합니다. 그 모든 것은 부질없는 이야기들입니다. 예수는 그가 죽어야 마땅하다는 사람들 사이에서 죽음을 맞이했습니다. 예수는 그가 사랑했던 사람들이 보는 앞에서 죽었습니다. 예수는 그가 자기를 내어주는 것이 합당하다고 여겼던 인간과 세

The Crucifixion the Last Breath, 1835
Karl Bryullov

상 앞에서 죽었습니다. 예수의 죽음은 온전한 죽음입니다. 예수의 죽음은 돌이킬 수 없이 명백하여 완전한 것입니다. 하나님도 그의 죽음 앞에서는 철저하게 침묵했습니다. 예수는 그렇게 스스로 고난의 길을 가고 십자가 죽음의 여정을 거쳐 완벽하게 죽음 그 깊은 어둠 속으로 떨어졌습니다.

02

모든 생명의 경우가 그렇듯 죽음은 끝을 의미합니다. 예수는 끝도 보이지 않고 출구도 보이지 않는 완벽한 어둠 가운데로 떨어졌습니다. 예수의 죽음은 끝을 가늠할 수 없는 죽음의 깊은 절망으로의 추락이었습니다. 다시 살아 돌아올 수 있을지 알 수 없는 절망의 추락, 그것이 바로 예수 죽음입니다. 바울이 이야기했듯 죽음은 "아무 것도 가지고 가지 못하는" 마지막 여행입니다.딤전 6:7 마르쿠스 아우렐리우스Marcus Aurellius 역시 이렇게 말했습니다. "우리가 두려워해야 하는 것은 죽음 그 자체가 아닙니다. 우리가 두려워해야 하는 것은 삶이 다시 시작되지 않는다는 것, 그것입니다." 모든 살아있는 생명은 한겨울 모든 것이 죽은 것 같이 멈춘 시간에도 화창한 봄의 시계가 작동하고 있음을 온몸으로 느낍니다. 그러나 죽음은 그렇지 않습니다. 죽음의 겨울에서 봄은 느낄 수도 없고 다시 오지 않습니다. 예수가 들어선 죽음의 길은 바로 이런 것입니다. 그 길의 끝은 어떤 희망이나 가능성도 없이 그저 모든 것이 끝 간데없는 어둠인 채로 닫히고 말았습니다. 죽음의 그 돌이킬 수 없는 공허함 가운데로 들어섰을 때 그가 할 수 있는 것은 아무것도 없었습니다. 예수는 거기 영원한 그 흑암에 갇힐지도 모른다는 두려움을 안은 채 죽음의 나락으로 추락했습니다. 그 순간 예수가 느낀 두려움은 그가 사랑한 모든 사람들의 두려움, 그가 섬긴 모든 인간의 두려움이었습니다. 예수의 십자가 처형에서 그가 죽음의 나락으로 떨어지는 순간까지 목도한 모든 인간은 가슴을 치며 한탄합니다. "하늘 하나님, 이렇게 끝나는 건 아니겠지요?" 그러나 하늘은 이 순간에도 침묵합니다. 예수의 죽음이 선고된 순간, 온 세상은 무거운 정적만 흐르고 있습니다.

03

예수는 그 절망에서 하늘 하나님에 대한 믿음과 인간을 향한 지극한 사랑으로 섰습니다. 예수는 죽음의 나락으로 추락하는 사이 죽음의 무자비하기가 끝을 알 수 없는 현실을 둘러보았습니다. 그러나 그 현실과 더불어 절망하지 않았습니다. 한편으로 끝없는 죽음의 추락을 경험하는 사이, 예수는 그 두 눈을 오히려 하늘을 향해 고정했습니다. 그리고 하늘 거기에 계신 하나님을

아버지, 내 영혼을
당신의 손에 부탁하나이다
주님, 당신의 손에
내 영혼을 부탁하나이다
이제 그의 고난이 더는 커지지 않으며
이제 그는 크게 승리하여 이르십니다
아버지, 내 영혼을 받으시고
내 영혼을 당신께 부탁하나이다
그리고 그는 고개를 숙이고 죽으십니다
영원한 지옥으로부터
그의 피가 우리를 구원하였습니다

우리 모두를 위한 그의 사랑 때문에

그의 사랑 때문에 그는 한 죄인의 죽음을 맞이하시었습니다

당신께서 우리에게 새로운 삶을 주셨으니

우리는 당신께 무엇을 드릴 수 있을지요?

예수님, 당신의 발 아래

우리가 크게 감화하였으니

우리의 마음을 희생으로 받으소서

향해 기도했습니다. 예수는 죽음과 죽음을 지배하는 세력들의 절망스러운 팡파르에 귀 기울이지 않았습니다. 예수는 오히려 그가 할 수 있는 최선을 믿음의 기도로 표현했습니다. 그는 마지막 죽음의 절망스러운 자리에서 이렇게 읊조렸습니다. "아버지 내 영혼을 아버지의 손에 부탁하나이다" 눅 23:46 예수는 그가 할 수 있는 모든 일을 완수하고서 완전히 탈진하고 기력이 쇠한 채로 무너져 내렸습니다. 그렇게 마지막 무너져 내리는 순간 예수는 자기의 미래를 하늘 하나님께 의탁했습니다. 이 한 마디는 자신이 해야 할 일을 모두 완수하고 나머지를 하늘에 맡기는 이의 지극한 신앙의 외마디입니다. 이 한 마디에는 치열하게 치른 십자가의 사투가 진실로 누군가에게 은혜로 주어지는 새 삶이고, 새 희망이며, 새 시대이기를 간절히 바라는 의지가 담겨 있습니다. 예수의 마지막 외마디는 그가 완수하여 직면한 죽음이 끝이 아니어야 한다는 간절한 소망입니다. 그 소망은 예수만의 것이 아닌 그가 사랑하며 그가 살리고자 했던 모든 이들, 모든 인간의 소망이기도 합니다. 이제 예수는 일어서게 될 것입니다. 죽음의 밑바닥, 그를 휘감는 흑암의 용들을 물리치고 일어서게 될 것입니다. 예수가 일어서게 되어야 그를 믿고 따르는 모든 사람이 그 믿음이 헛되지 않음을 보게 됩니다.

04

예수는 완전히 죽음에 정복당했습니다. 거룩한 금요일 오후 세시, 죽음과 죽음의 세력은 축배를 들었고 축하의 잔치를 벌였습니다. 그들은 '의롭든 불의하든 죽으면 끝'이라는 플래카드를 높이 들고서 온전히 죽은 자가 되어 그들에게 내려오는 예수를 환영했습니다. 그러나 예수는 하나님께 자신의 영혼을 부탁하는 한마디 말로 그들의 축배를 엎어버렸습니다. 어둠의 세력들은 그 한 마디로 예수와 십자가 길 의로운 자들이 더는 죽음의 지배가 아님을 알게 됩니다. 하늘 하나님은 침묵하고 있지 않았습니다. 하늘 하나님은 예수의 완전한 죽음을 기다렸습니다. 하늘 하나님은 자신을 버려 사람을, 생명을, 세상을 살린 예수를 일으켜 의로운 보좌 가운데로 불러낼 준비를 하고 있었습니다. 예수는 곧 하나님의 뜻과 그 능력으로 다시 일어나 하나님께서 예비하신 십자가 승리의 보좌 가운데로 나오게 될 것입니다. 예수가 하나님께서 예비하신 보좌를 향해 행진할 때, 그 자리에는 그와 십자가 길을 동행한 이들이 동행합니다. 예수는 그와 더불어 자기를 내어주는 십자가의 길을 완수한 이들과 함께 하나님이 예비하신 보좌를 향해 행진합니다. 십자가 길로 나아간 이들이 희망의 새 생명 축제 가운데서 다시 일어나고 있습니다. 십자자의 길이 옳았습니다. 예수는 절망스러운 현실에도 자기 십자가 지기를 주저하지 않는 자기 사람들을 이렇게 격려합니다. "두려워하지 말아라. 나는 처음이며 마지막이요, 살아 있는 자다. 나는 한 번은 죽었으나, 보아라, 영원무궁하도록 살아 있어서, 사망과 지옥의 열쇠를 가지고 있다." 계 1:17-18

05

하이든의 『가상칠언』은 이제 마지막 소나타에 도달했습니다. 하이든은 예수의 마지막 말을 죽은 자의 무미건조하고 의미 없는 외마디로 여기지 않았습니다. 대신 그는 예수의 마지막 말을 생명력 넘치는 멜로디와 리듬으로 채웠습니다. 바이올린 두 개가 중심이 되어 이루어지는 마지막 소나타는 마치 예수가 한 걸음 한 걸음 앞으로 걸어가는 것 같은 느낌입니다. 두 대의 바이올린은 마치 하나가 앞으로 나서면 다른 하나가 보조를 맞추어 함께 가는 것 같은 분위기를 연출합니다. 하이든의 마지막 소나타에서 예수는 홀로 걷지 않습니다. 하이든은 십자가 길을 혼자서 걸어왔다는 것에 보상이라도 해 주려는 듯 예수의 길에 동반자를 준비하고서 둘이 함께 길을 걷도록 합니다. 하늘 하나님이 그 길을 동반하고 계신 것일 수도 있습니다. 혹은 그의 십자가 길을 동의하여 따르는 사람들을 의미할 수도 있습니다. 중요한 것은 예수가 십자가 고난과 죽음을 온전히 성취하는 순간 하늘 하나님이 그의 손을 잡아주고 그의 인간 동료들이 그와 함께

길을 걷고 있다는 것입니다. 하이든의 이 마지막 소나타는 마치 왕의 대관식을 연상하게 합니다. 하이든은 왕위에 오르는 대관식에서나 사용할 법한 분위기의 음악을 그의 『가상칠언』 마지막 소나타의 주요한 모티브로 사용하고 있습니다. 모든 고난과 역경을 이기고 승리를 보장한 채 보좌로 나아가는 왕, 예수는 담담한 듯 자기 왕궁의 회랑을 걷고 있습니다. 그의 발걸음은 위엄이 있고 조용하지만 그의 자세와 발걸음은 거침이 없습니다. 어떤 두려움이나 의심도 그의 보좌를 향한 발걸음을 막아서지 못합니다. 하늘 하나님이 그의 오른손을 붙들고 있고 그의 십자가 길을 동행하는 사람들이 함께 하기 때문입니다.

후주
Final

땅이 울리다

이에 성소 휘장이 위로부터 아래까지 찢어져 둘이 되고
땅이 진동하며 바위가 터지고
무덤들이 열리며 자던 성도의 몸이 많이 일어나되
예수의 부활 후에 그들이 무덤에서 나와서
거룩한 성에 들어가 많은 사람에게 보이니라
마태복음 27장 51~53절

QR코드를 스마트폰으로 스캔하시면
토비아선교회 유튜브 채널에서
고난주간 음악묵상으로 묵상하실 수 있습니다.

Descent from the Cross, 1614
Peter Paul Rubens

01

예수가 죽은 후 처형자들과 예루살렘 사람들은 분주했습니다. 그날 해가 지는 동시에 유월절을 겸한 안식일이 시작될 것이었습니다. 안식일이 시작되면 아무것도 할 수 없습니다. 거기 누구도 해지고 나서까지 십자가에 달렸던 죄인 문제로 귀찮은 일을 감당하고 싶지는 않았을 것입니다. 그러니 서둘러 예수를 십자가에서 내리고 정리한 뒤 매장까지 마쳐야 했습니다. 혹시 그 엄혹함에 누구도 나서지 않으면 예수의 시신은 처형자들에 의해 소리소문없이 처리되어 없어질지도 모를 일입니다. 예수님의 어머니를 비롯한 갈릴리의 여인들은 마음이 급했습니다. 예수가 죽었다는 현실을 돌아보는 일도 허락되지 않을 만큼 시간이 없었습니다. 그때 아리마대 사람 요셉이 나섰습니다. 그는 의로운 사람이었고 부자였으며 영향력이 있는 사람이었습니다. 그는 무엇보다 예수의 가르침을 받았고 예수를 따르는 제자였습니다.마 27:57 아리마대 사람 요셉은 예수의 어머니를 비롯한 여인들을 진정시키고 우선 빌라도를 만났습니다. 그는 예수의 시신을 매장할 수 있게 해달라고 요청했습니다. 빌라도는 앞뒤 분간이 되는 사람이었습니다. 예수의 시신을 저렇게 두었다가는 어떤 일이 일어날지 몰랐습니다. 그는 예수의 주검을 장례 치를 수 있도록 허락하고 아리마대 요셉에게 시신을 넘겼습니다. 아리마대 사람 요셉은 예수의 시신을 십자가에서 내리고 일단 수습

한 뒤 세마포로 감쌌습니다. 다른 무엇을 할 겨를도 없었습니다. 예수의 주검은 군인들의 재촉과 예루살렘 지도자들의 은근한 방해 속에서 예도 갖추지 못한 채 마무리되어 아리마대 사람 요셉이 자기를 위해 준비해 두었던 동굴 가묘에 매장되었습니다. 허투루 장례가 마무리되자 기다렸다는 듯, 해가 떨어졌습니다.

02

예수를 처형하고 그의 주검을 장례 치르느라 예루살렘은 한 차례 더 소란스러워야 했습니다. 예수를 죽이는 것이 목적이었던 이들에게 예수를 무덤 속에 완전히 묻어버리는 일은 중요했습니다. 예수의 주검이 무덤 속 죽은 자들 사이에 영원히 머물러 더는 세상 밖으로 나오지 않는 것이 그들에게는 무엇보다 중요한 일이었습니다. 그렇게 그들은 예수의 시신에 두 눈을 고정했고 아무렇게나 진행된 장례에 집중했습니다. 그들은 예수의 무덤과 그 무덤을 봉인하는 일에 집중했습니다. 그들은 오직 돌로 봉인된 무덤의 입구만 바라보고 있었습니다. 예수는 죽었는데 그들은 여전히 예수에게서 눈을 돌리지 못하고 있었습니다. 그 사이, 예루살렘과 세상에서는 그들이 인지하지 못하는 큰일들이 일어나고 있었습니다. 성전의 가장 중심, 세상에서 가장 거룩한 곳the Holy of the Holies과 바깥세상을 가르던 휘장이 둘로 찢어져 버렸습니다. 땅이 진동하고 바위가 터졌습니다. 예수의 죽음과 더불어 세상은 크게 뒤흔들렸습니다. 무엇보다 놀라운 일이 있었습니다. 무덤 문이 열리고 하나님의 거룩한 사람들이 죽음에서 일어난 것입니다. 그들은 예수가 삼 일 후 부활했을 때 함께 무덤에서 나와 사람들 앞에 나타났습니다. 예루살렘과 로마 그리고 세상 권세가 온통 예수의 무덤 앞 봉인된 돌에 집중하고 있을 때, 세상은 예수의 십자가 고난과 죽음이 끌어낸 변화로 흔들렸고 소란스러워졌습니다. 예수가 걸었던 십자가의 길을 옳다고 여기고 그가 걸었던 고난과 죽음의 길을 믿고 따르는 사람들의 행진이 일어나고 있습니다. 그들은 견고하여 변함이 없는 세상을 뒤흔들고 그 세상을 십자가로 변화시키려 합니다. 자기 희생과 내어줌과 헌신이 세상을 아름답게 합니다.

03

예수는 하늘로부터 온 신적인 메시아이자 지극한 인간이었습니다. 예수는 그 모든 고난의 길을 인간의 힘으로 나아갔습니다. 예수는 그 고통의 길을 신적인 어떤 것으로 넘어서지 않았습니다. 예수의 십자가 고난과 죽음은 다시 말하지만, 하늘 하나님이 우리에게 보이신 당신만의 거칠고 야생적인 모습이었습니다. 하나님의 아들 예수는 그 모든 고난과 죽음을 어린양과 같은 모

그가 떠나셨다
그가 떠나셨다
땅 속 깊은 곳에서 울려퍼진다
그가 떠나셨다
끔찍하다, 골고다여, 끔직하다!
네 언덕 정상에서 그가 죽으셨다
태양아, 사라져라
그리고 더 이상 빛나지 말아라!
찢어라
살인자들이 밟고 선 그 땅을 찢어라
무덤아 열려라
아비들아 빛으로 오르라
너희를 덮은 그 땅이
모두 피로 물들었도다

습으로 온순하게 순종하고 감내하셨지만, 그를 죽음으로 몰아세운 인간에 의해 길들지 않은 채, 그 길을 고귀하게 넘어섰습니다. 예수는 십자가의 고통과 죽음의 두려움 가운데서 당신의 동료로서 한 인간이 어떻게 그 아픔과 두려움을 극복해야 하는지 길을 보였습니다. 예수가 남긴 십자가 일곱 마디 말들은 고난의 현실에서 타인을 탓하지 않고 하늘을 바라보며 기도하는 길이고, 고난의 현실에서 동질의 고난 가운데 있는 형제를 위로하는 길이며, 고난의 현실에서 사랑하는 사람들을 돌보는 것을 잊지 않는 길이고, 그 고난의 현실을 올곧이 홀로 버티고 지키는 길입니다. 또 고난의 현실에서도 고결한 목표와 비전에 대한 갈망을 드러내는 길이고, 그 모든 고난 가운데 끝까지 자기 사명과 책임을 완수하는 길이며, 자기의 수고와 헌신 이후 나머지를 하늘에 맡길 줄 아는 길입니다. 오늘, 누군가를 위해 수고하고 있다면 예수의 자기 죽음에 대한 성찰, 십자가 일곱 마디 말씀들과 더불어 헌신의 삶의 고결한 가치 가운데 굳게 서기 바랍니다. 그 길을 선택한 사람은 당신만이 아닙니다. 세상은 이미 예수에 의해 변화되어, 그를 따르는 가운데 세상과 대척점에 서서 십자가 길을 실천하는 '새 사람들'이 일어나고 있습니다. 그들이 행진합니다. 그들이 세상을 흔듭니다. 그들이 세상을 새롭게 합니다.

04

하이든은 이 마지막 후주final에서 지진을 표현하는 일 때문에 고민이 많았습니다. 현악4중주의 단출한 악기 구성으로는 지진 소리를 연출하기가 쉽지 않았습니다. 그런데 하이든은 『가상칠언』 마지막 후주에서 네 개의 현악기 모두를 동원해서 마치 지축이 흔들리는 것과 같은 지진 소리를 만들어냈습니다. 먼저 하이든은 이 후주를 이전 곡들과 같은 화성 음악homophony으로 구성하지 않았습니다. 그는 후주에서 모든 악기가 한꺼번에 소리를 내도록 만들었습니다. 하이든은 악기들에게 초반부터 아주 센소리의 포르티시모fortissimo로 연주하도록 주문합니다. 그래서 바이올린 두 대와 비올라 그리고 첼로는 합창하듯 가장 크고 강한 소리를 내며 세상을 뒤흔들만한 지진 소리를 만들어냅니다. 각 악기는 그들이 만들어낼 수 있는 가장 큰 소리를 내게 되는데 이때 관객은 악기들의 소리가 그들의 기대보다 더 크다고 느끼게 됩니다. 그 외에도 하이든은 각 악기가 이전 소나타들에서는 찾아볼 수 없는 속도의 빠르기, 즉 프레스토presto로 세상이 진동하고 죽은 자들이 살아나는 모습을 표현하도록 합니다. 무엇보다 하이든은 후주 악보에 *"con tutta la forza"*, 말하자면 "모든 힘을 다해"라는 표기를 해 두었습니다. 할 수 있는 한 모든 힘을 다해 연주를 하라는 뜻입니다. 결국 하이든은 마지막 후주를 통해 하나님의 반격, 십자가의 사람들의 저항을 표현합니다.

마지막 후주에서 하나님은 아들 예수를 십자가에서 죽게 한 사람들에게 "너희들이 틀렸고 너희들은 실패했다."라고 선언합니다. 하이든의 마지막 후주에서 예수의 십자가 고난과 죽음은 동행하는 십자가 사람들과 함께 최종적인 승리를 이룹니다.

05

예수의 십자가 길은 누구나 따를 수 있고 따라야 하는 인간다워지고자 하는 사람들을 위한 안내입니다. 예수는 이렇게 말했습니다. "나의 멍에를 메고 내게 배우라 그리하면 너희 마음이 쉼을 얻으리니 이는 내 멍에는 쉽고 내 짐은 가벼움이라."^{마 11:29-30} 예수는 누구도 따르지 못할 길을 걷지 않았습니다. 예수의 십자가 고난과 죽음은 신적인 뜻의 실현이지만 지극히 인간적인 한계 안에서 이루어졌습니다. 그러나 예수의 십자가 고난과 죽음은 극단적인 길입니다. 그것은 인간 한계를 경험하게 되는 길입니다. 그러나 누구든 예수를 따라 그 길을 걷는다면 그는 인간으로서 자기를 깊고 넓게 그리고 풍성하게 하는 특별한 경험을 하게 될 것입니다. 십자가 고난과 죽음의 길에서 인간은 자기를 향해 더 깊어지고 이웃과 형제를 향해 더 넓어집니다. 하늘 하나님을 향해 더 높아집니다. 십자가는 우리가 한껏 넓어지고, 깊어지며, 높아지는 고양高揚입니다. 예수가 걸었고 그렇게 죽었던

GOD IS
FAITHFUL

십자가의 길에서 우리는 높임을 받게 될 것입니다. 교만하여 높아지는 것이 아니고, 비천하여 나락으로 떨어지는 것도 아닙니다. 갈 길을 몰라 이리저리 방황하는 것도 아닙니다. 그것은 분명 고결한 자의 자기 북돋움입니다. 그러니 예수의 일곱 마디 말은 인간다워지고자 하는 길의 안내자입니다. 그리고, 하이든은 십자가의 길을 가는 이의 자기 고양을 돕습니다. 하이든의 음악은 십자가 길을 가는 이의 품격을 높여줍니다. 고통스러운 그 길의 아름다움을 알게 해 줍니다. 오늘 가는 길이 어렵고 힘들다면 예수와 하이든의 가상칠언을 듣고 보고 배우며 느끼십시오. 당신은 지금 희망 없는 사망의 골짜기를 걷는 것이 아닙니다. 그 길은 당신을 인간의 아름다움으로, 아름다운 인간으로 그 높은 곳에 올라서도록 도울 것입니다.

작은 음악회
Small Concert

토비아 앙상블의
『가상칠언』

the Seven Last Words of Jesus on the Cross
by Tobia Ensemble

01

고난주간과 부활절에 어울리는 고전 음악을 찾다가 프란츠 요
제프 하이든의 『가상칠언』*the Seven Last Words of Jesus on the Cross*을 다
시 듣게 되었습니다. 도서관에서 CD를 빌려다 인상 깊게 들었
던 기억이 났습니다. 문득 이 곡의 일부를 우리 샬롬교회 앙상
블이 종려주일에 연주하면 좋겠다 싶었습니다. 당장 첼로 연주
자인 임이랑 집사에게 전화해 『가상칠언』의 실내악 앙상블 버
전이 있을지 살펴달라고 요청했습니다. 잠시 후 답이 왔습니다.
하이든이 직접 편곡한 버전과 현악4중주Quartet 버전과 동시대
작곡가들의 피아노Piano 버전도 있다는 전언이었습니다. 살짝 기
대감이 높아졌습니다. 일반적인 교회라면 오라토리오Oratorio 버
전으로 감상할 수 있을지를 성가대와 상의했을 것입니다. 하지
만 조막만 한 샬롬교회에 그런 규모를 갖춘 성가대가 있을 턱이
없으니 합창과 관현악이 화려하게 연주하는 것은 꿈도 꾸지 못
할 일이었습니다. 그런데 실내악 버전으로 된 『가상칠언』이 있
다니 하늘 하나님과 거기 있을 하이든이 우리 작은 공동체를 돕
는구나 싶었습니다. 그 주에 토비아 앙상블 멤버와 그리고 교회
중진들은 대화를 시작했습니다. 그리고 일사천리, 2021년 고난
주간과 부활절에 프란츠 요제프 하이든의 『가상칠언』을 연주하
기로 했습니다. 처음에는 목회팀과 장로님들 심지어 앙상블 구
성원까지도 모두 웃었습니다. 이렇게 작은 교회인데 저렇게 거

Franz Joseph Haydn
1732~1809

대한 일을 해도 되나 싶었습니다. 그리고 두 달이 지난 2월 26일 거짓말처럼 멋지고 아름다운 앙상블의 작품이 만들어졌습니다. 하이든의 『가상칠언』이 실내악으로 연주되는 것은 우리나라에서 흔치 않은 일입니다. 교회의 경우 오라토리오 버전을 상연하는 것이 일반적이고 일반 음악계에서는 많은 악기가 동원되는 관현악을 더 선호하는 분위기입니다. 이번 토비아 앙상블의 연주는 음악을, 특별히 교회 음악을 사랑하는 분들에게 특별한 경험이 될 것입니다.

02

십자가 고난과 죽음에서 예수가 했던 말들을 중심으로 이루어진 『가상칠언』은 신약성경 복음서들에 기록되어 있습니다. 예수는 유월절 절기가 있던 그 주 안식일 전날 그러니까 금요일 오전 9시부터 오후 3시까지 약 여섯 시간 동안 십자가에 달려 있었고 거기서 죽었습니다. 그리고 그 십자가 위에서 일곱 마디 말들을 남겼습니다. 그 말들은 모두 극적입니다. 그래서 많은 음악가가 이 『가상칠언』을 소재로 음악을 만들었습니다. 교회의 요청이 많았을 것입니다. 그래서 『가상칠언』은 고난주간과 성금요일the Good Friday에 사용할 수 있는 음악을 음악가들에게 요청해 만들어진 경우가 대부분입니다. 당연히 『가상칠언』은 하이든만의 전유물은 아닙니다. 하인리히 슈츠Heinrich Schütz, 1585~1672를 시작으로, 샤를 구노Charles Gounod, 1818~1893, 샤를르 투르니미르, Charles Tornemiere, 1870~1939, 루드 제클린Ruth Zechlin, 1926~2007, 소피아 구바이둘리나Sofia Gubaidulina, 1931~, 그리고 제임스 맥밀란James MacMillan, 1959~ 등이 『가상칠언』으로 음악을 만들었습니다. 그러나 단연 돋보이는 것은 하이든의 작품입니다. 특히 돋보이는 것은 하이든의 부지런함입니다. 그는 1786년과 1787년에 걸쳐 첫 『가상칠언』 관현악 버전을 세상에 내놓은 이후 같은 해에 현악4중주 버전을 세상에 내놓았습니다. 그리고 이어서 1790년에 파사우의 교회음악장인 요제프 프리베르트Joseph Frieberth가 자신의 원작을 멋진 시로 만든 라믈러Karl Wilhelm Ramler의 가사로 오라토리오를 내놓았습니다. 피아노 버전의 경우 동시대 작곡가 쾨헬Ludwig Ritter von Köchel과 앞서 말한 체르니의 버전이 남아있습니다. 이렇게 해서 하이든의 『가상칠언』은 세 가지의 버전과 피아노 버전으로 세상에 알려지게 되었습니다.

03

하이든의 『가상칠언』은 이후 많은 연주자들이 사랑하는 곡이 되었습니다. 당연히 교회는 오라토리오 버전을 좋아해서 매년 사순절과 고난주간이면 헨델George Frideric Handel의 『메시아』the

*Messiah*와 더불어 자주 무대에 올려졌습니다. 관현악곡은 그것이 원래 버전임에도 상대적으로 덜 알려졌습니다. 최근에도 관현악 버전 연주는 손에 꼽힙니다. 비엔나 필하모니Vienna Philharmony Orchestra가 오스트리아 잘츠부르크에서 공연했고, 베를린 필하모니Berlin Philharmony Orchestra가 스튜디오 녹음을 했습니다. 라 스칼라 오케스트라La Scala Orchestra가 최근에 공연을 한 정도입니다. 일반인들이 사랑한 것은 오히려 실내악으로 연주되기 좋은 현악4중주 버전입니다. 현악4중주 버전으로 연주된 하이든의 『가상칠언』은 듣기 좋은 실내악으로 이미 정평이 나 있습니다. 그래서 유명한 실내악 연주자들이 이 곡을 연주해왔습니다. 그런데 흥미롭게도 하이든의 『가상칠언』을 연주한 현악4중주단들은 예수의 '가상칠언' 보다는 다른 유명한 시인들이나 문학가들의 시 혹은 글들을 그들 연주에 동반하는 일이 잦았습니다. 그래서 하이든의 『가상칠언』이 세속의 세계로 내려선 것입니다. 그러다 버미어 현악4중주단Vermeer Quartet이 1988년 시카고에서 하이든의 이 『가상칠언』을 연주하면서 이 곡은 세속 한가운데서 거룩함을 이야기하는 곡으로 다시 돌아왔습니다. 버미어 현악4중주단은 하이든의 『가상칠언』을 연주하면서 원래 하이든과 카디즈 성당이 의도했던 대로 고난주간에 어울리는 깊은 영적 묵상들을 삽입했습니다. 이후 버미어 현악4중주단은 전 세계를 다니며 기독교와 종교계의 명사들과 더불어 이 『가상칠언』을 연주했습니다.

04

하이든의 『가상칠언』은 고난주간 특별히 거룩한 금요일에 어울립니다. 무엇보다 하이든의 『가상칠언』은 누군가를 위해, 고결한 것을 위해 수고하기를 마다하지 않는 십자가 사람들이 그들의 친구요 선구자로서 예수를 찬양하고 경배하는 자리에 어울립니다. 하이든이 만든 예수의 『가상칠언』에서 그들은 지금껏 걸어온 고난과 자기희생의 길이 옳다는 것을 앞서 증명해준 예수를 존귀한 자로 여기며 그 길을 따르기로 한 것이 지극히 옳았음을 확신하게 됩니다. 마틴 루터 킹Marin Luther Kig Jr. 목사가 이야기한 것처럼 예수의 『가상칠언』은 고난의 길을 가는 모든 이들에게 희망의 끈이 됩니다. 마틴 루터 킹 목사는 노벨 평화상을 수락하는 연설에서 이렇게 말했습니다. "나는 무기를 들지 않은, 조건 없는 사랑이 이 현실 세계에서 궁극의 자리에 서게 될 것을 믿습니다. 이것이야말로 옳은 길을 가면서도 때로 패배로 주저앉는 것이 악의 승리보다 얼마나 더 강력한지를 보여주는 것입니다."1964년 노벨 평화상 수락 연설 중에서 오늘 우리가 살아가는 세상은 종교계와 세속을 무론하고 이런 고결함이 희미해지고 끝내는 결핍되어 가고 있습니다. 그래서 오늘 우리가 살아가는 세상은 마치 산소가 부족해 숨이 막히는 것과 같은 결핍의 현실이 이어지고 있습니다. 예수의 『가상칠언』과 하이든의 음악은 마치 산소공급장치처럼 가쁜 숨을 내쉬는 현대인들에게 생존

의 길을 열어줍니다. 한 가지, 이런 일은 저절로 일어나지 않습니다. 신적인 어떤 초월적 역사로 일어날 법하지도 않습니다. 자기 산소호흡기를 풀어 고통받는 이의 입에 대주는 누군가에 의해, 그들의 현실적인 희생과 헌신으로 가능할 것입니다. 예수와 하이든의 『가상칠언』은 존귀한 삶을 결단하고 살아가는 이들을 찬미합니다.

05

이번에 토비아 앙상블이 피아노와 현악4중주로 연주한 하이든의 『가상칠언』 the Seven Last Words of Jesus on the Cross 은 이렇게 구성되어 있습니다.

Jeseph Franz Haydn,
The Seven Last Words of Jesus on the Cross, Op. 51.

Introduction in D minor, Maestoso ed Adagio
Sonata I in B-flat major, Largo
Sonata II in C minor, Grave e cantabile
Sonata III in E major, Grave
Sonata IV in F minor, Largo
Intermezzo in A minor, Largo e cantabile

Sonata V in A major, Adagio

Sonata VI in G minor, Lento

Sonata VII in E-flat major, Largo

Final Il terremoto in C minor, Presto e con tutta la forza

토비아 앙상블은 샬롬교회와 토비아 선교회의 사역을 동행하며 돕는 일을 위해 창단 되었습니다. 토비아 앙상블은 기본적으로 피아노(최소영), 바이올린(이수), 그리고 첼로(임이랑)으로 구성되어 있습니다. 이번 하이든의 『가상칠언』을 위해서 앙상블은 객원 연주자들을 초청했습니다. 우선 제1바이올린(김현지)과 제2바이올린(양승빈)이 함께 하기로 했습니다. 이어서 비올라(안용주)가 합류했습니다. 원래 연주자인 이수는 이번 프로젝트에서 음악과 영상 기술 전반을 감독하는 역할을 담당했습니다. 토비아 앙상블은 토비아 선교회와 샬롬교회, 그리고 더웰샘한방병원과 함께 전염병이 창궐하고, 개인과 사회의 고통이 끊이지 않는 현실에서 자기희생을 다하며 헌신의 십자가 길을 가는 사람들을 위해 하이든의 『가상칠언』 연주를 바칩니다. 이 시대의 십자가 길을 스스럼없이 가는 분들 모두에게 힘이 되고 격려가 되는 음악이 되었으면 합니다. 이제 이 모든 작업을 마치고 하이든의 인사를 마지막으로 남기고 싶습니다. Laus Deo! Praise be to God! 찬양을 하나님께!

토비아 앙상블 연주자들

Executive producer 이 수

서울예술고등학교
한국예술종합학교 졸업
추계실용음악과 강사 역임
string session team 'the1st' 악장
현) 토비아 앙상블 바이올리니스트
현) (주)테이크파이브 대표 및 음악감독
http://take5ive.net

Piano 최소영

연세대학교 음악대학 교회음악과
연세대학교 음악대학원 피아노반주과
현) 음악캠프, 실내악, 독주회 반주, 현악 전문 반주자
현) 토비아 앙상블 피아니스트

1st Violin 김현지

예원학교
서울예술고등학교
서울대학교
Eastman School of Music 석사, 박사
현) Korean Chamber Ochestra 단원
현) KCO 앙상블 바이올리니스트

2nd Violin 양승빈

선화예술중학교
서울예술고등학교
Manhattan School of Music 학사, 석사
현) 현악사중주단 Quartet X 바이올리니스트

Viola 안용주

서울예술고등학교
미국 New England Conservatory of Music
San Francisco Conservatory of Music 학사, 석사, 최고연주자 과정
현) 울산대학교 객원교수
현) 대전신포니에타 음악감독겸 지휘자
현) San Francisco Sonnet Ensemble과 Opera Bach-Millenium 오케스트라 지휘자

Cello 임이랑

예원학교
서울예술고등학교
한국예술종합학교
현) 현악사중주단 Quartet X 첼리스트
현) 토비아 앙상블 첼리스트

Mixing & Mastering Engineer   김희재
Video Effect & Editing   오인표

함께해 주신 분들

2021 '이 사람을 보라' 프로젝트는
아래 단체와 사람들의 협력으로
함께 제작되었습니다.

샬롬교회
토비아선교회 & 출판사
더웰샘한방병원
Take5ive

도와주신 분들

2021 '이 사람을 보라' 프로젝트를
도와주신 분들은 다음과 같습니다.

충무성결교회(성창용 목사)
한우리성결교회(윤창용 목사)
다림양행
동아에스티
이노엔
강신덕
김경응
김덕진
김은상
오인표
정진명
조성아

홀로 고난의 길을 가는 이들을 위한

랜선음악회 & 음악 묵상

Jeseph Franz Haydn,
The Seven Last Words of Jesus on the Cross, Op. 51.

토비아 앙상블은 2021년 2월 26일 하이든의 『가상칠언』 현악
사중주 버전과 동시대 작곡가인 체르니 버전의 피아노곡 가상
칠언을 연주, 녹화하였습니다. 그리고 토비아 선교회, 샬롬교회,
더웰샘한방병원 제공으로 유튜브 토비아 채널에 랜선 음악회
영상과 하이든의 가상칠언 각 곡의 연주 영상을 아래와 같이 공
개합니다. 토비아 앙상블은 코로나 팬데믹으로 힘들고 어려운
시절을 보내는 동시대 우리 사회 많은 사람들과 그들을 위해 희
생적 헌신으로 수고를 아끼지 않는 모든 분들이 하이든의 음악
을 통해 그리고 예수 그리스도의 십자가 마지막 말씀들을 통해
마음을 회복하고 삶을 다시 일으킬 수 있기를 바랍니다.

랜선음악회 바로가기

QR코드를 스마트폰으로 스캔하시면 토비아선교회 유튜브
채널을 통해 랜선음악회를 함께 하실 수 있습니다.

개요: 음악회
Running Time: 58분
연주: 토비아 앙상블(현악사중주와 피아노)

홀로 고난의 길을 가는 이들을 위한

고난주간 음악묵상

QR코드를 스마트폰으로 스캔하시면 토비아선교회 유튜브 채널을 통해
고난주간 음악묵상으로 묵상하실 수 있습니다.

고난주간 음악묵상 서주

개요: 음악묵상
Running Time: 5분 27초
말씀: 요한복음 19장 4절
제목: 주어진 현실
연주: 현악사중주

고난주간 음악묵상 첫 번째

개요: 음악묵상
Running Time: 6분 39초
말씀: 누가복음 23장 34절
제목: 하늘을 향해
연주: 피아노

고난주간 음악묵상 두 번째

개요: 음악묵상
Running Time: 6분 5초
말씀: 누가복음 23장 43절
제목: 함께하는 동료에게
연주: 피아노

고난주간 음악묵상 세 번째

개요: 음악묵상
Running Time: 7분
말씀: 요한복음 19장 26~27절
제목: 사랑하는 사람들을 향해
연주: 현악사중주

고난주간 음악묵상 네 번째

개요: 음악묵상
Running Time: 6분 7초
말씀: 마태복음 27장 46절,
　　　마가복음 15장 34절
제목: 온전히 혼자인 길에
연주: 현악사중주

고난주간 음악묵상 간주

개요: 음악묵상
Running Time: 4분 20초
말씀: 마가복음 15장 33절
제목: 하늘의 침묵
연주: 피아노

고난주간 음악묵상 다섯 번째

개요: 음악묵상
Running Time: 6분 45초
말씀: 요한복음 19장 28절
제목: 고결함을 향한 갈망
연주: 현악사중주

고난주간 음악묵상 여섯 번째

개요: 음악묵상
Running Time: 6분 31초
말씀: 요한복음 19장 30절
제목: 책임을 다한 자리
연주: 현악사중주

고난주간 음악묵상 일곱 번째

개요: 음악묵상
Running Time: 6분 50초
말씀: 누가복음 23장 46절
제목: 하늘에 맡기오니
연주: 현악사중주

고난주간 음악묵상 후주

개요: 음악묵상
Running Time: 2분 15초
말씀: 마태복음 27장 51~53절
제목: 땅이 울리다
연주: 현악사중주

기독교대한성결교회
충무교회

주　　소 : 서울 강남구 삼성로85길 25
대표전화 : 02-558-1009
홈페이지 : http://www.cmchurch.or.kr

기독교대한성결교회 ────────
한우리교회

주　　소 : 서울 강남구 강남대로54길 10
대표전화 : 02-3462-9191
홈페이지 : http://han-woori.or.kr

dalim (주)다림양행

주　　소 : 서울 마포구 월드컵북로 52-1
대표전화 : 02-335-1657
홈페이지 : http://www.dalimmedical.co.kr

 동아ST

주　　소 : 서울 동대문구 천호대로 64
대표전화 : 02-920-8111
홈페이지 : http://www.donga-st.com

inno.N

주   소 : 서울 중구 을지로 100 파인애비뉴 A동 8층
대표전화 : 02-6477-0000
홈페이지 : http://www.inno-n.com